KBS 고전아카데미 01

나, 우리, 반항

나, 우리, 반항

■ 서문

고전은 먼 여정입니다. 그 여정은 아득한 귀향의 여정입니다. 하이데거는 '귀향이란 근원 가까이로 돌아감'이라고 하였습니다. 고전을 펼친다는 것은 고향, 혹은 근원을 향한 멀고 먼 우회로에 들어서는 것이며, 끝없이 두 갈래로 갈라지는 미로 속의 방황이며, 위험한 항해를 위해 오디세이의 돛을 바람 속으로 펼쳐올리는 일입니다.

고전이란 시간이 휘두르는 무자비한 부식의 힘과 망각의 습관을 이겨내고 살아남은 것입니다. 고전은 망각의 시간들을 이겨내고 시대마다 끊임없이 다시 솟아오릅니다. 고전이 오랜 세월을 견뎌내는 힘은 도대체 어디에서 나오는 것일까요? 그것은 고전이 한 시대의 표면에서 명멸하는 문제를 넘어서 무언가 삶의 심층에 있는 근원을 건드리고 있기 때문입니다.

저명한 분석심리학자 칼 융은 표층에서 드러나는 모순과 대립은 심층으로 들어갈 때 비로소 해소된다고 하였습니다. 고전과 만나는 것은 심층으로 들어가서 삶의 근원적 지평에 서는 일입니다. 그 지평에서 다시 우리 시대의 문제를 만나는 일입니다. 혼돈을 극복하고 새 시대를 연 대전환의 역사는 모두 고전이라는 근원과의 만남 속에서 일어났습니다. 그것을 "옛 것을 본받아 새로운 것을 창조한다(法古創新)", "옛 것으로 들어가 새로운 것으로 나온다(入古出新)"라고 합니다. 그래서 우리의 인문학 운동은 고전 운동입니다.

10년 동안 계속되어 온 'KBS 고전아카데미'는 고전 운동의 살아 있는 현장이었습니다. 강단의 고전 연구자들과 삼백 여명 시민들의 열정이 함께 폭발하고 충돌하고 융합하는 그 에너지를 우리는 잊지 못합니다. 이제 그 열정의 마당, 새로운 상상력과 삶을 꿈꾸는 풍성한 고전의 향연에 여러분을 초대합니다.

'KBS 고전아카데미' 기획위원
이경균, 이성희, 조현천

■ 목차

07 카뮈, 『페스트』 ‖ 변광배
    ― 나, 우리, 반항

37 루소, 『인간 불평등 기원론』 ‖ 오인영
    ― 사회 속의 굴레, 몽상 속의 자유

75 키르케고르, 『죽음에 이르는 병』 ‖ 임규정
    ― 죽음에 이르는 병인가 구원인가

99 쇼펜하우어, 『의지와 표상으로서의 세계』 ‖ 박찬국
    ― 인생은 욕망과 권태 사이에서 오락가락하는 시계추와 같다

125 아우구스티누스, 『신국론』 ‖ 박승찬
    ― 지상을 순례하며 꿈꾼 영원한 평화

카뮈, 『페스트』
— 나, 우리, 반항

변광배

변광배는
프랑스 몽펠리에 3대학에서 문학박사 학위를 받았다. 한국외국어대 대우교수를 역임하고 지금은 같은 대학에 강의하고 있으며 프랑스인문학연구모임 '시지프' 대표다. 『존재와 무 - 자유를 향한 실존적 탐색』, 『나눔은 어떻게 인간을 행복하게 하는가』 등의 저서와 사르트르 평전』, 『사르트르와 카뮈-우정과 투쟁』, 『폭력에서 전체주의로 : 카뮈와 사르트르의 정치사상』 외 30여 권의 역서가 있다.
byunhakto@hanmail.net

1. 페스트 : 카뮈의 최고 걸작

이 글의 주된 내용은 1947년에 출간된 카뮈의 '소설' 『페스트 La Peste』를 중심으로 "나는 반항한다. 그러므로 우리는 존재한다(Je me révolte, donc nous sommes.)" 라는 주장, 곧 '고독한(solitaire)' '나(je)'에서 연대적인(solidaire) '우리(nous)'로의 이행에 대한 의미 탐구이다. 이를 위해 『페스트』의 중심인물들인 리외(Rieux), 타루(Tarrou), 그랑(Grand), 랑베르(Rambert) 등이 중심되어 페스트에 대항하기 위해 조직한 '자원보건대(formations sanitaires volontaires)'의 활동에 초점을 맞추고, 이를 통해 카뮈의 공동체에 대한 사유의 일단을 살펴보고자 한다.

『페스트』에 대한 찬사는 너무 많아 일일이 열거할 수 없을 정도이다. 출간 일주일만에 비평가상(Prix des Critiques)을 받을 정도로 대성공을 거두었던[5] 이 작품은 "올해가 아니라 이 시대의 가장 중요한 작품 중 하나(un des ouvrages les plus importants non de l'année mais de l'époque)",[6] 카뮈의 작품 중 "가장 완성도가 높은(le plus accompli)"[7] 작품으로 여겨진다. 여하튼 『페스트』가 1942년에 출간된 『시지프 신화 Le Mythe de Sisyphe』와 『이방인 L'Etranger』 등으로 이어지는 카뮈의 명성을 굳건히 하는데 기여했을 뿐만 아니라, 이 작품 출간 10년 후인 1957년에 그가 노벨 문학상을 수상하는데도 커다란 역할을 했다는 점은 분명해 보인다. 카뮈의 전(全) 작품 가운데 『페스트』가 가장 희망적인 전언(傳言)을 담고 있는 작품이라는 것이 대다수의 판단이기도 하다.

이 같은 판단은 그 무엇보다도 이 작품에서 볼 수 있는 자원보건대의 활동에서 기인한다. 이 작품의 배경이 되고 있는 오랑(Oran) 시를 강타한 페스트의 대공세로 인해 수많은 사람들이 죽어갈 무렵, 이 시에 거주하고 있던 몇몇 사람들을 중심으로 자원보건대가 조직되어 활

---

[5] Maurice Bruézière, La Peste d'Albert Camus, Hachette, coll. Lire aujourd'hui, 1972, p.6.

[6] Albert Camus, La Peste, in Œuvres complètes, t. II, Gallimard, coll. Bibliothèque de la Pléiade, 2006, p.1168.

[7] Idem.

동을 개시한다. 그런데 이 자원보건대는 그대로 카뮈가 평소 꿈꿔 왔던 공동체, 곧 형제애와 연대의식을 바탕으로 실현된 '우리'의 한 모범적인 예로 보인다. 이 공동체는 또한 위에서 지적한 주장, 즉 "나는 반항한다. 그러므로 우리는 존재한다.", 즉 '고독한' 상태에서 '연대적인' 상태로의 이행의 구체적인 한 예라고 할 수 있다. 이 같은 자원보건대의 활동에 힘입어 『페스트』는 카뮈의 전 작품 중 가장 인간애가 넘치는 작품임과 동시에 공동선의 이념이 가장 잘 구현된 작품으로 여겨진다.

그럼에도 불구하고 『페스트』에 대해, 특히 이 자원보건대에 대해 문제를 제기하는 자들도 없지 않다. 그들의 주장은 대략 다음과 같은 두 가지로 요약된다. 하나는 이 작품에서 자원보건대로 대표되는 카뮈의 공동선 추구는 '적십자 단체(Croix-Rouge)'에서 볼 수 있는 도덕의 실천에 불과하다는 주장이다. 다른 하나는 카뮈가 이 작품에서 페스트의 기원은 물론이거니와 그 퇴치 방법 역시 분명하게 제시하지 못하고 있다는 주장이다. 특히 이 두 번째 주장은 『페스트』에서 볼 수 있는 페스트와의 투쟁과 그 승리는 일종의 추상적인 알레고리에 불과하다는 주장으로 이어진다. 그리고 이 주장은 카뮈가 『페스트』에서 다루고 있는 문제는 한 공동체 내부에서 발생하는 계급투쟁과도 같은 현실적이고 구체적인 문제와는 동떨어진 것이라는 주장으로 이어진다. 또한 이 같은 주장은 『페스트』에서 볼 수 있는 카뮈의 공동체 이론이 지나치게 낙관적이라는 주장으로까지 이어진다. 우리는 이 글에서 이처럼 상반되는 평가를 받고 있는 카뮈의 공동체에 대한 사유를 자원보건대의 활동을 중심으로 살펴보고자 한다.

2. 반항하는 '우리' : 자원보건대

(1) 반항하는 '나'

'우리', 곧 공동체에 대한 논의와 관련하여 카뮈가 고유한 이론을 가지고 있는가, 만일 가지고 있다면 그것은 어떤 모습을 하고 있는가에 대해서는 이 글과는 다른 글이 필요할 것이다. 하지만 카뮈가 전 작품을 통해 '우리'에 대해 강박관념에 가까운 관심을 표명하고 있다는 것은 분명해 보인다. 가령 「나는 왜 연극을 하는가」라는 글에서 밝히고 있는 것과 같은 연극을 매개로 이루어지는 '우리', 『안과 겉 L'Envers et l'Endroit』에 포함되어 있는 「삶에의 사랑」이라는 글에서 볼 수 있는 팔마의 한 술집에서의 춤과 노래를 매개로 이루어지는 '우리', 『여름 Eté』에 포함되어 있는 「미노타우로스 또는 오랑에서 잠시」에서 권투 경기를 매개로 이루어지는 '우리', 『정의의 사람들 Les Justes』에서 테러리스트들에 의해 조직되는 '우리', 그리고 『계엄령 L'Etat de siège』에서 페스트와 맞서 싸우는 카시디 시민들에 의해 형성된 '우리' 등이 그 좋은 예에 해당된다.[9]

---

[9] 변광배, 「카뮈, 서약, 우리: 「자라나는 돌」의 두 장면을 중심으로」, 2013년도 한국프랑스학회 추계학술발표회 자료집(알베르 카뮈와 북아프리카), 2013. 10. 배재대학교, 41-49쪽을 참고할 것.

이와 관련하여 한 가지 지적하고 싶은 점은, 이 같은 '우리'의 형성이 모두 『반항하는 인간』에서 볼 수 있는 그 유명한 카뮈의 주장, 즉 "나는 반항한다. 그러므로 우리는 존재한다."와 밀접하게 관련이 되어 있다는 사실이다. 하지만 카뮈는 이 주장에 앞서 또 하나의 의미심장한 주장을 한다. "나는 반항한다. 그러므로 나는 존재한다(Je me révolte, donc je suis.)"는 주장이 그것이다. 사실 이 주장을 이해하는 것은 그다지 어려워 보이지 않는다. 그도 그럴 것이 '부조리(absurdité)'와 '반항(révolte)'을 두 축(軸)으로 하는 카뮈의 전체 사유에서[10] '부조리'에 맞서기 위해 카뮈 자신이 제시하고 있는 태도 가운데 가장 중요한 것이 바로 '반항'이기 때문이다.

실제로 카뮈는 『시지프 신화』에서 부조리에 맞서 인간이 취하는 태도로 '반항' 외에도 '자살'과 '종교'를 제시한다. 하지만 자살과 종교는 모두 진정한 태도가 되지 못한다는 것이 카뮈의 견해이다. 그에 의하면 '부조리'는 인간과 그를 에워싸고 있는 이 세계 사이의 "절연(絕緣)"으로 규정되며,[11] 따라서 부조리는 인간과 세계라고 하는 두 항(項)을 그 구성요소로 필요로 한다. 그런데 자살은 이 두 항 중 하나인 인간의 사라짐을 전제로 한다. 따라서 자살은 부조리에 맞서는 진정한 태도가 되지 못한다. 반면, 종교는 세계와의 관계에서 부조리를 느끼는 인간이 초월성과 내세(來世)에서의 행복 등을 구실로 지금, 여기에서의 세계를 부정하게 된다.[12] 따라서 종교 역시 부조리에 맞서는 진정한 태도가 되지 못한다는 것이 카뮈의 주장이다.

이런 상황에서 카뮈는 '반항'을 부조리에 대한 대응책으로 제시한다. 이 세계와의 단절을 경험하고 자기 주위의 익숙했던 세계—카뮈는 "무대장치"[13] 라는 표현을 사용한다—와의 단절, 이 세계의 침묵과 "두께와 낯설음"[14] 등을 경험하면서 부조리를 느낀 자가 이 세계를 더 강하게 껴안으려는 시도는 역설적으로 그의 삶에서 더 큰 의미를 지닐 수 있다. 카뮈는 이 같은 시도를 '반항'으로 규정하는데, 그 결과 부조리 앞에 선 인간이 취하는 개인적인 '반항'은 오히려 이 세계와의 관계를 복원하려는 시도, 또 그렇게 함으로써 자기 자신의 삶을 더욱 치열하게 살아가려는 시도라고 할 수 있다.

카뮈는 정확히 이런 의미에서 "반항은 삶에 가치를 부여한다. 한 생애에 걸쳐 펼쳐져 있는 반항은 그 삶의 위대함을 회복시킨다."[15] 라고 적고 있다. 그리고 카뮈는 이 같은 '반항'의 모습을 정확히 바위를 산 정상으로 밀어 올리는 시지프를 통해 보여준다.

---

12 카뮈에게서 중요한 시간은 '현재'이다. 이런 이유로 카뮈는 후일 『반항하는 인간』에서 '역사적 반항'을 다루며 이른바 '진보적 폭력(violence progressive), 즉 미래에 올 더 나은 세상을 전제로 현재에 사용되는 폭력에 반대하는 입장에 서게 된다. 반면, 사르트르와 메를로퐁티는 진보적 폭력 개념에 동의하며, 그로 인해 그들과 카뮈 사이에 논쟁이 벌어지게 된다. 이들 사이의 논쟁에 대해서는 정명환 외, 『프랑스 지식인들과 한국전쟁』, 민음사, 2004를 참고할 것.

13 알베르 카뮈, 『시지프 신화』, 28쪽.

14 Ibid., p.30.

15 Ibid., p.84.

경련하는 얼굴, 바위에 밀착한 뺨, 진흙에 덮인 돌덩어리를 떠받치는 어깨와 그것을 고여 버티는 한쪽 다리, 돌을 되받아 안은 팔 끝, 흙투성이가 된 두 손 등 온통 인간적인 확신이 보인다. 하늘 없는 공간과 깊이 없는 시간으로나 헤아릴 수 있는 이 기나긴 노력 끝에 목표는 달성된다. 그때 시지프는 돌이 순식간에 저 아래 세계로 굴러 떨어지는 것을 바라본다. 그 아래로부터 정점을 향해 이제 다시 돌을 끌어올려야만 하는 것이다. 그는 또 다시 들판으로 내려간다.[16]

(2) '우리'의 특징

이처럼 『시지프 신화』의 차원에서 보면 "나는 반항한다. 그러므로 나는 존재한다."는 주장은 그래도 비교적 어렵지 않게 이해할 수 있다. 하지만 카뮈의 공동체 논의의 근간이 되고 있는 "나는 존재한다. 그러므로 우리들은 존재한다."라는 주장에서 반항하는 '고독한' '나'에서 '연대적' 혹은 '집단적(collectif)' '우리'로의 이행은 그다지 쉽게 이해가 가는 주장이 아니다. 문제는 카뮈가 이 같은 이행을 너무 안이하게 생각하고 있는 것은 아닌가 하는 것이다. 과연 반항하는 '나'에서 '우리'로의 이행은 자연스럽게 이루어지는가?

이 문제에 답을 하기 위해 먼저 '우리'가 어떤 특징을 갖는지를 살펴보고자 한다. 이를 위해 사르트르의 후기 사상이 집대성되어 있는 『변증법적 이성비판 Critique de la raison dialectique』을 참조하고자 한다.[17] 이렇게 하는 것은 사르트르가 이 저서에서 1789년 프랑스 대혁명 당시 바스티유(Bastille) 감옥을 탈취하기 위해 달려가는 파리 시민들에 의해 형성된 "융화집단(groupe en fusion)"을 기술하면서 '우리'에 대해 아주 섬세한 분석을 가하고 있기 때문이다. 사르트르에 의하면 이 '융화집단'은 다음과 같은 세 가지 특징을 가진 것으로 이해된다.

첫째, 사르트르는 이 집단을 그 구성원들 사이의 "완벽한 상호성(réciprocité parfaite)", 곧 형제애 또는 동지애(fraternité)라는 특징을 통해 규정한다. 이 집단에서는 '나', '너', '그' 사이의 관계는 갈등과 충돌을 일으키는 '이타성(異他性; altérité)'이 아니라 서로 구별이 없는 상태, 곧 '완벽한 상호성'에 의해 정립된다. 정확히 이런 의미에서 이 집단은 '우리'로 규정된다.[18] 둘째, 이 집단은 "편재성(ubiquité)"[19]이라는 특징을 갖는다. 이는 당연하다. 왜냐하면 이 집단에서 '나', '너', '그' 사이에 구별이 없기 때문에 '너', '그'가 지금, 여기에 있는 것은 '내'가 지금, 여기에 있는 것과 같기 때문이다. 이것은 결국 이 집단에서 '나'는 '모든 곳(partout)'에 있다는 것을 의미한다. 또한 그 당연한 결과로 이 집단은 그 구성원들의 수가 많아지면 많아질수록 더 강한 힘을 갖게 된다. 셋째, 사르트르는 이 집단이 반드시 '실천(praxis)' 중에

---

[17] 이 같은 시도에 대해 다음과 같은 비판도 가능할 것이다. 즉 후일 격렬한 논쟁의 당사자가 되는 사르트르의 사유를 중심으로 카뮈의 사유를 조망하려 한다는 것은 논리적으로 맞지 않을 수도 있다는 비판이 그것이다. 하지만 카뮈와 사르트르 모두 이상적인 공동체, 곧 '우리'의 정립에 대해 깊은 관심을 표명하고 있으며, 또한 그들의 사유에는 일정 부분 공통되는 점이 없지 않다는 것이 우리의 판단이다.

[18] Jean-Paul Sartre, *Critique de la raison dialectique* (précéde de *Questions de méthode*), tome I : *Théorie des ensembles pratiques*, Gallimard, coll. Bibliothèque de philosophie, 1960, p.495.

[19] *Ibid.*, p.502.

만 존재이유를 갖는다고 본다.[20] 따라서 이 집단에는 존속이라는 중요한 문제가 제기 되는 것을 피할 수가 없다.[21]

(3) 페스트 발병 이전의 오랑 시민들

사르트르에게서 빌려온 위의 개념들은 『페스트』에서 볼 수 있는 자원보건대의 존재와 그 구성원들의 활동, 곧 그들의 집단적 반항의 의미를 이해하는 데 유익한 도구로 소용될 수 있을 것으로 보인다. 여기서는 이 작업에 직접 뛰어들기 전에 먼저 자원보건대가 형성되기 이전, 곧 페스트 발병 이전의 오랑 시민들이 어떤 상태에 있는가를 보도록 하자. 이렇게 하는 것은 '자원보건대', 곧 '우리'가 형성되기 이전에 그 주요 구성원들이 서로 어떤 관계에 있었는지를 알아보기 위함이다.

페스트 발병 이전의 오랑 시를 지배하는 분위기는 한 마디로 일상성에 매몰된 상태, 습관에 매몰된 상태라고 할 수 있다. 『페스트』의 앞부분에서 볼 수 있듯이, 오랑 시민들은 매일 같은 리듬으로 사업과 무역과 돈벌이를 하면서 살아가고 있다. 그들은 하루하루 기계적이고 반복적인 습관에 따라 살아가면서 전혀 도덕적 긴장감을 느끼지 못하고 있다. 오랑 시를 지배하고 있는 분위기는 한 마디로 '권태'라고 할 수 있다.

---

20 *Ibid.*, p. 165.
21 사르트르의 자유 개념에서 울회될수 없는 '서약(serment)'을 통해 그 존속 문제를 해결 하게 된다. 그런데 중요한 것은 이 서약이 '폭력'이라는 점이다. 그도 그럴 것이 융화집단의 타터워질 때는 것, 곧 재배반성이 집단으로 아겨으로 서명하는 권환이 바로 이 서약의 본질적인 의미이기 때문이다. 여기에 대해서는, 변광배, 「서약이란 무엇인가 – 사르트르의 자유를 중심으로」, 『인문학연구』 제15집, 인하대학교 인문학연구소, 2011, 85-115쪽을 참고할 것.

어떤 한 도시를 아는 편리한 방법은 거기서 사람들이 어떻게 사랑하며 어떻게 죽는가를 알아보는 것이다. [중략] 우리 시민들은 일을 많이 하지만, 그건 한결같이 부자가 되겠다는 욕심에서 하는 일이다. 그들은 무엇보다도 장사에 관심이 있다. 그들 자신의 표현대로 우선 사업을 하는 데 골몰해 있는 것이다. 물론 단순한 즐거움에 대한 취미도 없지 않아서, 여자와 영화와 해수욕을 좋아한다. 그러나 대단한 분별력이 있어서 그런 재미는 토요일과 일요일을 위해 아껴두고 주중의 다른 날들에는 돈을 많이 벌려고 애를 쓴다. 저녁때 직장을 나서면 그들은 일정한 시간에 카페에 모여 앉거나, 늘 같은 대로를 거닐거나 그렇지 않으면 자기 집 발코니에 나와 앉는다. 아주 젊은 패들의 욕망은 격렬하면서도 한 순간의 짧은 것인 데 비해서, 나이 많은 축들이 빠지는 취미란 기껏해야 공굴리기 모임이나 친목회 회식이나 트럼프 놀음에 돈을 듬뿍 거는 서클의 선을 넘어서지 않는다.[22]

이처럼 일상성, 습관, 권태에 매몰되어 있는 오랑 시민들 중에서도 후일 자원보건대에 가입하는 자들 사이의 관계 역시 페스트 창궐(猖獗) 이전에는 특별한 것이 없어 보인다. 예컨대 의사 리외는 오랑에 머물고 있는 외지인(外地人) 타루와는 가끔 스페인 무용수들의 집에서 만난 사이에 불과하고(24쪽), 시청 서기로 근무하는 그랑과는 과거에 그의 대동맥 협착증을 치료해주면서 알게 되었을 뿐이고(30쪽), 파리에서 아랍인들의 생활 조건을 취재하러 오랑 시에 온 기자 랑베르와는 처음으로 만나는 사이에 불과하고(22-23쪽), 오통 예심판사와는 겨우 아는 관계일 뿐이며(21쪽), 파늘루 신부와도 가끔 만난 적이 있

[22] 알베르 카뮈, 『페스트』, 민음사, 2011, 12쪽.(이하 이 작품에서의 인용은 본문과 주에서 쪽수만을 표기.)

는 정도이다(29쪽).

이 같은 사실들은 후일 자원보건대를 조직하는 자들의 관계가 페스트 창궐 이전에는 특기할 만한 것을 가지고 있지 않다는 점을 분명하게 보여준다. 가령 이들은 살아가면서 서로 계급 갈등이라든가 경제적인 이해관계로 충돌하는 그런 관계를 맺고 있는 것도 아니다. 그렇다고 이들이 아주 돈독한 우정이라든가 강한 연대의식을 가지고 있는 것도 아니다. 실제로 이들 사이에는 오랑 시에 거주하고 있는 사람들이라는 점을 제외하고는 거의 아무런 공통점도 없어 보인다. 그런데 한 가지 분명한 점은 이처럼 느슨하게 얽혀 있는 이들이 페스트 창궐을 계기로 하나로 뭉쳐 '우리'를 형성하게 된다는 사실이다.

(4) 반항하는 '우리'의 형성

카뮈는 『반항인』에서 '반항인'을 '아니오(non)'라고 말하는 자로 정의한다.[23] 따라서 '반항'은 '아니오'라고 말하는 행위라고 할 수 있다. 어쨌든 『페스트』에서 오랑 시민들이 '아니오'라고 말할 대상은 분명하다. 그것은 '페스트'이다. 이 페스트가 전쟁, 나치즘, 진짜 질병 등, 그 어떤 것을 상징한다고 해도 상관이 없다. 오랑 시민들의 입장에서 보면 페스트는 당연히 그들이 '아니오'라고 말해야 할 대상이다. 그런데 페스트의 공격을 받은 오랑 시민들의 반응과 관련하여 우리가 특히 주목하고자 하는 것은 바로 자원보건대의 존재이다. 이 집단은 카뮈의 공동체 이론의 백미(白眉)라고 할 수 있을 것 같다. 그도 그럴 것이 이 집단은 반항하는 '고독한' '나'에서 반항하는 '연대적인' '우리'로의 이행을 보여주는 가장 뚜렷한 사례이기 때문이다.

물론 『페스트』에서 자원보건대가 페스트 발병 직후에 조직된 것은 아니다. 자원보건대가 조직되어 활동하기까지는 페스트로 인한 수많은 사람들의 희생, 수많은 사람들의 헌신적인 노력, 행정당국의 미온적인 대처, 수많은 망설임, 시행착오 등이 있었다. 하지만 무엇보다도 자원보건대가 조직된 것은 오랑 시민들 중 일부의 '반항'에서 비롯된 것이라 할 수 있다. 다시 말해 페스트에 대해 '아니오'라고 말하고자 하는 몇몇 사람들의 행동에서 비롯되었다. 자원보건대를 처음으로 입에 올린 장본인은 바로 타루이다.

"그래서 나는 자원보건대를 조직하는 구상을 해 보았습니다. 제게 그 일을 맡겨 주시고, 당국은 빼 버리기로 합시다. 게다가 당국은 할 일이 태산 같습니다. 여기저기 친구들이 있으니, 우선 그들이 중심이 되어 주겠죠. 그리고 물론 나도 거기에 참가하겠습니다."
"잘 알았습니다." 리유가 말했다. "물론 기꺼이 받아들이겠습니다. 특히 의사가 하는 일에는 여러 사람의 협조가 필요합니다. 그 착상을 도청에서 수락하도록 만드는 것은 제가 책임을 지겠습니다. 사실 도청으로서는 찬밥 더운밥 가릴 때가 아닙니다. 그러나…"
리외는 생각을 해 보았다.
"그러나 이런 일을 하다가 생명을 잃을지도 모릅니다. 잘 아시겠지만요. 그러니 좌우간 알려는 드려야지요. 잘 생각해 보셨나요?"(167-168쪽)

이처럼 타루와 리외의 대화를 계기로 오랑 시의 자원보건대가 조직되기에 이른다. 이제 리외, 타루, 그랑, 랑베르가 각각 이 자원보건대에 가입하여 페스트에 반항하게 되는 동기와 경위를 간략하게 살펴보자.

자원봉사대의 주요 인물 중 한 명은 의심의 여지없이 의사 리외다. 『페스트』의 이야기를 풀어나가는 서술자이기도 한(392쪽) 그는 병든 아내를 멀리 요양원으로 보내고 노모(老母)와 함께 지내고 있는 35세쯤 되는(44쪽) 의사이다. 그는 인간의 생명을 구한다는 대단한 소명 때문에 의사가 된 것이 아니다. 노동자의 아들로 태어난 그는 그저 자신의 과거의 열악한 삶의 조건에서 벗어나기 위한 수단으로 의사가 된 것뿐이다. 하지만 그는 오랑 시에서 페스트가 걷잡을 수 없이 퍼져가는 것과 비례해 점차 냉철한 현실주의자로 변해간다. 페스트로 인한 수많은 사람의 죽음을 직접 목도하게 된 리외에게 추상적 페스트, 관념적 페스트는 아무런 의미가 없다. 그에게 있어서는 인간이 반드시 죽어야 하는 존재라는 사실도 부조리하지만, 인간이 페스트라는 질병으로 인해, 그것도 수많은 사람들이 죽어가야만 한다는 사실이 더욱 더 부조리하게 여겨진다. 그로부터 리외의 '반항'이 시작된다. 리외는 자기 자신을 포함해 다른 사람들이 페스트 앞에서, 그로 인해 발생하는 죽음, 그것도 수많은 사람들의 죽음 앞에서 느끼는 무기력함을 견딜 수가 없는 것이다.

페스트가 창궐하는 상황에서 리외가 내세우는 행동 모델은 관념적이지도 추상적이지도 않고, 구체적이고 지나치다 싶을 정도로 현실적이다. 그에게 있어서 가장 중요한 것은, 첫째, 페스트에 걸리지 않고,

둘째, 페스트에 걸려도 그것을 남에게 옮기지 않고, 셋째, 페스트에 걸렸으면 죽지 않고 살아남아야 하는 것이다. 리외의 최종 목표는 당연히 페스트를 퇴치하고 오랑 시를 위기에서 구하는 것이다. 따라서 리외는 이 같은 목표 달성에 기여할 수 있는 현실적이고 구체적인 수단과 방법을 적극적으로 추구하게 된다. 물론 그렇다고 해서 그가 사랑, 행복, 신앙 등과 같은 관념적, 추상적 가치를 무시하거나 부정하는 것은 결코 아니다. 다만 그는 그런 가치를 위해서 현실적, 구체적으로 소용될 수 있는 방법과 수단을 추구할 뿐이다. 삶과 죽음의 경계선에 서 있는 사람에게는 그 어떤 관념이나 가치도 삶을 대신할 수는 없다는 것이 리외의 이 같은 태도를 정당화시켜준다.

정확히 이 같은 태도로부터 리외의 "성실성"(216쪽), 곧 자기가 "맡은 직분을 완수하는 것"(216쪽), 따라서 자기의 "직책을 충실히 수행해 나가는 일"이 가장 중요하다(60쪽), 인간의 "건강"보다 중요한 건 없다(285쪽)는 행동지침이 나온다. 그리고 이 같은 행동지침을 바탕으로 그는 의사로서의 자기 임무를 성실하게 수행하고, 또 타루가 제안한 자원보건대의 조직을 지원함과 동시에 거기에 가입해서 활동하게 된다. 극한 상황에서 초인간적인 노력을 요구하는 일을 해내는 자를 '영웅'이라고 할 수 있다면, 이 같은 리외의 모습은 참다운 의미에서 카뮈에 의해 창조된 현대적 영웅이라고 할 수 있을 것이다.

그 다음으로 타루의 경우를 보자. 타루는 누구인가? 어디에서, 어떤 이유로 오랑 시로 왔는지는 모르지만, 페스트가 발병했을 때 그는 우연히 이 도시에 머물고 있었다. 특별히 하는 일도 없으면서 그는 혼자 이 도시의 이곳저곳을 어슬렁거리고, 해수욕을 즐기고, 이 도시에 사는 자들을 유심히 관찰하고, 그들의 기벽(奇癖)을 기록하면서 소일(消日)한다. 『페스트』의 화자인 리외 의사의 증언대로, 타루의 이런 기록들은 후일 오랑 시를 휩쓴 페스트에 대한 '연대기'를 작성하는데 소중한 자료로 이용된다. 앞서 지적했지만, 타루는 스페인 무용수의 집에서 리외를 몇 차례 만났을 뿐이다. 하지만 페스트가 확산되어감에 따라 그는 점차 리외와 의기투합해 돈독한 우정을 맺게 되며, 급기야는 자원보건대의 조직을 의논하고 선도하게 된다.

그렇다면 타루는 왜 자신의 생명이 위태로워질 수도 있는 위험한 보건자원대의 조직을 제안하는가? 이 질문에 답은 타루의 다음과 같은 결심에 들어 있다. "그래서 나는 직접적이건 간접적이건, 좋은 이유에서건 나쁜 이유에서건 사람을 죽게 만들거나 또는 죽게 하는 것을 정당화하는 모든 걸 거부하기로 결심했습니다."(329쪽) 이 같은 타루의 결심은 그의 아버지와의 관계에서 비롯된 것이다. 타루의 아버지는 차장검사였다. 차장검사였던 아버지는 종종 범법자들에게 사형을 언도했다. 또한 타루의 아버지는 직업상 어쩔 수 없이 사형장에 입회할 수밖에 없었다. 어떤 날 밤이면 아버지가 괘종시계를 맞추어 놓고 자다가 종소리가 나면 새벽에 왜 일찍 일어나는지 그 이유를 알게 된 후, 타루는 집에서 뛰쳐나온다.(324쪽)

그 이후 타루는 정치활동을 하기도 한다.(325쪽) 하지만 겉으로는 인간의 존엄을 내세우면서도 속으로는 비인간적인 행동을 서슴없이 행하던 정치조직의 위선을 겪으면서 이른바 '목적-수단'의 관계에 대한 확고한 기준을 갖게 된다. 그 기준에 의하면, '목적'도 순수하고 정당화되어야 하며, 이런 목적을 이루기 위해 동원되는 '수단' 역시 순수하고 정당화되어야 한다. 이 같은 소신을 가지고 행동하는 타루는 후일 페스트가 위세를 떨칠 때 자원보건대의 선봉에서 활동하게 된다. 이런 시각에서 볼 때 타루의 자원보건대에서의 활동 역시 리외 의사의 경우와 마찬가지로 페스트에 의한 대량 살인이라는 부조리한 현상에 대한 자발적이고도 적극적인 '반항'에 해당한다고 하겠다.

세 번째로 그랑의 경우를 보자. 그랑은 일개 시청 서기에 불과하다. 다시 말해 그는 오랑 시의 다른 시민들과 비교해 별 다른 특징을 가지고 있지 않은 한 명의 보통 사람에 불과하다. 또한 그랑은 그의 모든 면에서의 보잘 것 없음으로 인해 아내로부터 버림받은 인물이기도 하다.(112쪽) 그리고 그랑은 저녁이면 집으로 돌아가 그저 처음 몇 줄을 쓴 것이 고작인 소설의 집필에 모든 노력을 경주하는 것을 유일한 보람으로 여기면서 살고 있는 그야말로 답답하면서도 "고행(苦行)"에 가까운 삶을 영위하고 있는 인물이기도 하다.(66쪽)

하지만 소설을 쓰면서나 일상생활에서도 항상 합당한 의미를 가진 낱말을 찾기 위해 노력하고, 또 그러기 위해 라틴어를 다시 배우는(48쪽) 완벽주의자인 그랑은, 정확히 '페스트'라는 병의 실체를 확인하고도 오랑 시민들의 반응이 두려워 이 단어를 공식적으로 사용하지 못하고 이리저리 회피하는 오랑 시 행정당국자들과 겹치면서, 페스트와의 싸움에서 그것에 정확한 병명을 붙이는 것이 '반항'의 첫 걸음, 어쩌면 가장 힘들고도 가장 중요한 일이라는 것을 조용히 보여주는 인물이다.(62쪽) 지나가면서 카뮈가 '그랑'의 이름을 '그랑'이라고 붙인 것은 우연의 산물이 아닐 수도 있다는 점을 지적하자. 그도 그럴 것이 프랑스어 단어 '그랑(grand)'은 '위대한', '큰' 등의 의미를 가지고 있기 때문이다.

마지막으로 랑베르의 경우를 보자. 그는 파리에서 온 신문기자이다. 그는 아랍인들의 삶의 조건을 취재하기 위해 오랑 시에 왔다가 페스트의 발병으로 인해 그곳에 갇히는 신세가 되었다. 그는 파리에 애인을 두고 있다.(114쪽) 일종의 '이방인'이라고 할 수 있는 랑베르는 페스트 발병 이후 오랑 시를 빠져나가기 위해 모든 수단을 강구한다. '사랑'과 '행복'을 자신의 가치 체계의 가장 상위에 놓고 있는 그는 애인과의 재회를 위해 수단과 방법을 가리지 않는다. 이 같은 그의 태도는 개인주의적, 도피적이라고 할 수 있다. 하지만 랑베르는 페스트의 위세에 비례해 점차 자신의 그런 태도를 부끄럽게 여기게 된다. 특히 의사 리외의 아내가 멀리 요양원에 있다는 사실을 알고 그런 생각을 더 강하게 한다. "혼자만 행복하다는 것은 부끄러운 일이지요."(272쪽)라는 말이 이를 반증해준다.

이렇게 해서 랑베르는 오랑 시에 머물고 있는 한, 그 역시 어떤 식으로든 페스트와 관련이 되어 있다는 사실을 자각하게 된다. 또한 이 같은 자각은 그 자신이 오랑 시와 아무런 관계가 없는 '이방인'이 아니라는 사실에 대한 자각으로 이어진다. 그 결과 그는 자원보건대에 가담하여 페스트에 맞서 열심히 싸우게 된다. 또 한 명의 '반항인'의 탄생이다.

"나는 늘 이 도시와는 남이고 여러분과는 아무 상관도 없다고 생각해 왔어요. 그러나 이제 볼 대로 다 보고 나니, 내가 원하건 원하지 않건 간에 나도 이곳 사람이라는 것을 알겠어요. 이 사건은 우리들 모두에게

관련된 것입니다."(273쪽)

(5) '반항하는 우리' : 형제애와 연대의식

이처럼 오랑 시에 창궐한 페스트에 맞서 싸우기 위해 조직된 자원보건대에서는 위에서 살펴본 네 명의 핵심 인물이 주로 활동한다. 물론 이 집단에는 오통 예심판사와 파늘루 신부도 가입해서 열심히 활동한다. 오통 예심판사는 페스트 때문에 어린 아들을 잃고, 또 페스트에 걸린 자기 가족과 더 가깝게 있고 싶다는 소망에서 이 집단에 가입한다. 파늘루 신부는 오랑 시에 페스트가 발병한 초기에는 이 병을 하늘이 내린 징벌(懲罰)로 여기는 입장을 취했으나, 후일 오통 예심판사의 순진무구한 어린 아들이 페스트로 인해 극심한 고통으로 죽어간 이후 자신의 신학적 입장에서 조금 물러서(287쪽), 자원보건대에 가입해 활동하기도 한다. 하지만 그 자신 페스트―리외는 그의 병을 페스트로 진단하지 않았지만―를 앓고 죽어가면서 의사의 진찰을 거부하고 십자가를 손에 쥔 채 죽어간다.[24]

오통 예심판사와 파늘루 신부가 이처럼 『페스트』에서 자원보건대에 가입해 활동을 한 것은 결코 부인할 수 없는 사실이다. 하지만 이들 두 명보다는 오히려 위에서 살펴본 네 명의 주요 인물들이 카뮈가 구상하는 공동체에 훨씬 더 잘 부합하는 것으로 보인다. 여기서는 이들 네 명을 중심으로 자원보건대로 구체화된 '반항하는 우리'의 형성이 갖

---

[24] 김종우, 「파늘루 신부를 통해본 알베르 카뮈의 종교관」, 2013년도 한국프랑스학회 추계학술발표회 자료집(알베르 카뮈와 북아프리카), 2013. 10, 배재대학교, 57-70쪽을 참고할 것.

는 의의에 주목하면서 카뮈의 공동체에 대한 사유의 일단을 살펴보고자 한다.

앞서 사르트르의 '융화집단'의 특징에 관련된 여러 개념을 살펴본 바 있다. 그런데 흥미로운 사실은, 『페스트』에 등장하는 자원보건대가 사르트르에 의해 논의된 '우리'로서의 '융화집단'의 특징을 모두 가지고 있다는 점이다. 첫째, 자원보건대에 가입해 활동한 사람들 사이의 관계는 서로 구별이 안 되는 '완벽한 상호성' 위에 정립된 관계이고, 따라서 이들은 이 조직에서 모두 '형제'의 자격으로 '우리'를 형성하고 있다고 할 수 있다. 실제로 한 연구자가 지적하고 있는 것처럼, 이들은 자원보건대 조직 이후 '우리'라는 인칭대명사를 사용하고 있다.[25] 둘째, 이처럼 '우리'의 형태로 존재하고 활동하는 이 자원보건대는 '편재성'의 특징을 갖는다고 할 수 있다. 실제로 이 조직의 구성원들인 리외, 타루, 그랑, 랑베르가 각자 오랑 시의 다른 곳에서 활동하고 있다 할지라도, 결국 그들은 같은 곳에서 활동하고 있는 것이다. 그 당연한 결과로 자원보건대에 오랑 시민이 한 명이라도 더 가입하게 되면 그만큼 이 조직의 힘은 강화된다. 이런 이유로 이 조직의 구성원들은 최선을 다해 한 사람이라도 더 이 조직에 가입시키려고 노력하는 것이다. 셋째, 자원보건대는 정확히 이 조직이 페스트와 투쟁하는 동안에만, 다시 말해 '실천'하는 동안에만 그 존재이유를 갖게 될 것이다. 페스트가 물러간 이후에 이 조직이 계속 될 이유는 없어 보인다.

[25] Benedicte Lecot-Valentin, *La Peste d'Albert Camus*, Gallimard, coll. Foliothèque, 1991, pp. 381-388.

이런 관점에서 보면 『페스트』에 등장하는 자원보건대는 정확히 사르트르가 『변증법적 이성비판』에서 기술하고 있는 '융화집단'으로서의 '우리'와 동일한 존재론적 위상을 가지고 있다고 할 수 있다. 이와 관련하여 자원보건대의 네 명의 주요 인물들을 각각 카뮈의 분신(分身)으로 보는 한 연구자의 견해는 아주 흥미롭다 하겠다. 그러니까 이 견해에 의하면 이 네 명의 인물들이 모두 '카뮈'라고 하는 저자에게서 한 날 한 시에 태어난 '형제들'과 같다는 것이다. 여기서 중요한 것은 이들을 '형제들'로 볼 수 있다는 시각 그 자체이다. 여하튼 카뮈가 의사 리외, 오랑 시의 소요자(逍遙子) 타루, 시청 서기 그랑, 기자 랑베르에게 자기의 모습이나 혹은 자기와 관련된 모습을 부분적으로나마 투사(投射)하고 있다는 견해는 자원보건대를 '반항하는 우리'로 규정하고, 그 의의를 탐구하는 우리의 논지를 한층 더 강화시켜준다고 하겠다.

우선 카뮈는 의사 리외에게 그 자신의 개인적인 경험을 투사시키고 있다. 카뮈가 청년시절에 결핵을 앓았다는 것은 잘 알려진 사실이다. 실제로 그는 결핵을 치료하기 위해 병원에 입원도 하고 또 요양원 생활을 하기도 했다. 이런 경험에서 그는 의사들과 많은 접촉을 할 수 있었고 또 그들의 삶과 직업의식 등을 가까이에서 지켜볼 수 있는 기회를 가졌을 것이다.[26] 또한 의사 리외가 가진 직업적인 참을성과 겸손함, 그리고 그의 가족관계 ―노동자 출신 아버지와 노모― 등 역시 카뮈의 그것과 아주 유사하다.

그 다음으로 카뮈는 타루와도 몇몇 취향을 공유하고 있는 것으로 보인다. 해수욕, 유랑과 소요에 대한 취향, 그리고 세세한 것을 놓치지 않는 관찰 본능과 사형과 살인을 거부하는 태도가 그것이다. 그리고 특히 "신(神) 없이 성인(聖人)"(332쪽)이 되고자 하는 타루의 욕망은 그대로 카뮈의 것이라고 할 수 있다. 또한, 앞서 지적했듯이, 정치 활동을 한 타루의 모습은 한동안 알제리 공산당에 가입해 활동했던 카뮈의 모습을 연상시킨다.

그렇다면 그랑은 어떨까? 카뮈는 그랑과도 많은 것을 공유하고 있는 것으로 보인다. 우선, 소설을 쓰면서 완벽한 표현을 추구하는 고통스러운 열정을 가진 그랑은 그대로 『페스트』의 집필을 위해 긴 시간 고뇌했던 카뮈 자신의 분신이라고 할 수 있다. 또한 카뮈가 학창 시절 시청 직원으로 아르바이트를 했다는 사실을 지적하자. 게다가 두드러지지는 않지만 성실하게 선량한 마음을 지닌 채 자원보건대의 자질구레한 일을 도맡아 하는 그랑의 모습에서 일찍부터 가난을 알고 자기 분수를 지키면서 살았던 카뮈의 모습을 볼 수는 없는 것일까?

마지막으로 기자 랑베르는 어떤가? 카뮈는 제2차 세계대전 중에 그 유명한 『콩바 *Combat*』지의 사설을 통해 프랑스인들의 레지스탕스 운동을 촉구했던 언론인이었다. 카뮈는 또한 1939년에 아랍인들의 비참한 생활 조건을 폭로하기 위해 "카빌리아의 아침"이라는 제목의 르포르타쥬 기사를 쓴 적이 있다. 여기에 더해 카뮈는 '사랑'과 '행복'을 자신의 삶의 최우선 가치로 삼고 있다는 사실을 기회가 있을 때마다 지적하고 있다. 그런데 이 모든 것을 랑베르에게서 발견할 수 있지 않은가?

    이 같은 사실들은 그대로 의사 리외, 타루, 시청 서기 그랑, 기자 랑베르라는 자원보건대의 핵심 인물 네 명에게서 "한 덩어리로 뭉친 것은 카뮈 바로 그 자신"[27]이었다는 점을 분명하게 보여준다. 또한 이것은 그대로 이들 네 명이 같은 뿌리에서 태어난 '형제들'이며, 이들이 한데 뭉쳐 페스트를 물리치기 위해 조직한 자원보건대는 그대로 아주 돈독한 형제애와 연대의식을 바탕으로 맺어진 '반항하는 우리'의 가장 훌륭한 예에 해당한다고 할 수 있을 것이다.

    우리는 자원보건대가 갖는 이 같은 의의를 리외와 타루가 바다에서 함께 수영을 하는 장면과 리외가 페스트로 죽어가는 타루를 끝까지 보살피는 장면에서[28] 확인할 수 있다. 특히 리외와 타루가 함께 수영하는 장면은 20세기 문학사상 형제애 혹은 '우리'의 개념을 그린 가장 아름다운 장면으로 여겨지고 있으며, 우리의 판단으로는 리외가 타루의 임종을 지켜보는 장면은 어쩌면 가장 안타까운 장면으로 보인다. 조금 길지만 이 두 장면을 인용해보자.

---

27 모르방 르베스크, 김화영 옮김, 『알베르 카뮈를 찾아서 – 태양과 역사』, 나남출판사, 나남신서 503, 1998, 140쪽.

28 타루가 페스트로 죽는 장면에서 리외의 어머니의 헌신적인 노력도 돋보인다는 점을 지적하자.

"우리가 우정을 위해서 무엇을 하면 좋을지 아세요?" 하고 그가 물었다.

"좋으실 대로 합시다." 리외가 말했다.

"해수욕을 하는 거죠. 미래의 성인에게 그것은 어울리는 쾌락입니다." […]

그들은 옷을 벗었다. 리외가 먼저 물에 몸을 던졌다. 처음에는 차갑던 물이, 다시 떠올랐을 때는 미지근하게 느껴졌다. 몇 번 평영을 하고 나니, 그날 저녁 바다는 여러 달을 두고 축적된 열을 대지로부터 옮겨 받아 아직도 가을 바다의 따뜻한 온도를 그대로 지니고 있는 것을 알 수 있었다. 그는 규칙적으로 헤엄을 쳤다. 발을 풍덩거릴 때마다 그의 뒤에는 하얀 물거품이 남고, 두 팔을 따라 흘러내린 물이 다리로 흘렀다. 무겁게 풍덩 하는 소리로 타루가 뛰어든 것을 알았다. 리외는 물 위에 드러누워서 움직이지 않고 달과 별들로 가득 찬 하늘을 바라보았다. 그는 길게 숨을 쉬었다. 그러자 밤의 침묵과 고요 속에서 물 튀기는 소리가 신기하게도 점점 뚜렷하게 들렸다. 리외는 몸을 뒤집어서 자기 친구와 나란히 같은 리듬으로 헤엄을 쳤다. 타루는 그보다 더 힘차게 전진하고 있었다. 그래서 그는 좀더 속력을 내야 했다. 몇 분 동안 그들은 같은 리듬, 같은 힘으로 세상을 멀리 떠나, 단둘이서 마침내 도시와 페스트에서 해방이 되어서 전진했다. 리외가 먼저 멈추었다. 그리고 그들은 천천히 되돌아왔다. […]

그들은 다시 옷을 주워 입고, 말 한마디 입 밖에 내지 않는 채 발길을 돌렸다. 하지만 그들은 똑같은 심정이었고, 그날 밤의 추억은 달콤한 것이었다. (333-334쪽)

정오가 되자 열은 절정에 달했다. 일종의 내장성 기침이 환자의 몸을 흔들었고 환자는 피를 토하기 시작했다. 임파선은 더 이상 부어오르지 않았다. 그러나 여전히 없어지지는 않고 관절의 오금마다 나사처럼 단단히 박혀 있어서 리외는 절제 수술이 불가능하다고 판단했다. 타루는 열과 기침 사이사이에 아직도 간간히 자기 벗들을 바라보는 것이었다. 마침내 눈을 뜨는 횟수도 드물어졌다. 그리고 햇빛 속에 드러난 황폐해진 그의 얼굴은 그때마다 더욱더 창백해졌다. 폭풍에 휩쓸린 그의 온몸은 발작적으로 경련하더니 이제는 그의 모습을 번쩍번쩍 비추던 번개도 점점 드물어졌고, 타루는 그 폭풍 속으로 서서히 표류해 가고 있었다. 리외 앞에는 미소가 사라진 채 이제는 무기력해져 버린 하나의 마스크 밖에는 남은 것이 없었다. 그에게 그렇게도 친근했던 그 인간의 모습이, 지금은 창 끝에 찔리고 초인간적인 악으로 불태워지고 하늘의 증오에 찬 온갖 바람에 주리 틀리면서 바로 그의 눈앞에서 페스트의 검은 물결 속으로 빠져들어갔지만, 그로서는 이 난파를 막는 데 속수무책이었다. 그는 다시 한 번 빈손과 뒤틀리는 마음뿐, 무기도 처방도 없이 기슭에 머물러 있어야만 했다. 그리고 마침내 자신의 무력함을 한탄하는 눈물이 앞을 가려 리외는 타루가 갑자기 벽 쪽으로 돌아누워 마치 몸 한구석에서 가장 근원적인 어떤 줄 하나가 툭 끊어지기나 한 것처럼 힘없는 신음소리를 내며 숨을 거두는 것조차 보지 못했다.(376쪽)

3. '반항하는 우리', 그러나…

앞서 지적한 바와 같이 『페스트』에서 자원보건대의 주요 인물들이 집단적인 '반항'을 통해 '아니오'라고 말하는 대상은 '페스트'이다. 그리고 이들은 뜨거운 형제애와 연대의식을 바탕으로 페스트에 맞서 수많은 사람들의 목숨을 구하는데 성공했다. 정확히 이런 이유로 『페스트』

는 카뮈의 전 작품 중에서 가장 휴머니즘적이고 가장 희망적인 작품이라는 평가를 받고 있다. 하지만 정확히 같은 이유로 이 작품과 특히 이 작품에서 볼 수 있는 자원보건대를 통해 구현된 카뮈의 공동체에 대한 사유의 문제점이 지적되기도 한다.

    카뮈를 비판하는 자들은 『페스트』의 자원보건대가 현실성과 구체성이 떨어지는 조직이라고 이구동성으로 지적한다. 그들이 내세우는 논리는 다음과 같다. 페스트는 오랑 시의 '외부에서' 온 '적(敵)'—또는 '악(惡)'—이라는 것이다. 그런데 『페스트』에서 보는 것처럼, 한 공동체의 외부에서 페스트와 같은 강력한 적이 올 경우, 그 구성원들은 위기에 빠진 자신들의 삶의 터전인 이 공동체를 지키고자 하는 욕구는 절대적이 되는 것이 보통이다. 한 예로 대한민국의 독도 문제를 보자. 일본이 독도를 자기네 땅이라고 우기는 목소리가 커지면 커질수록 대한민국 국민들은 하나로 뭉치게 된다. 다시 말해 '우리'가 되는 것이다. 하지만 문제는 공동체를 위협하는 요소가 반드시 '외부에서' 오는 것만은 아니라는 것이다.

    다시 한 번 대한민국의 예를 들면, 대한민국 내부에는 여러 가지 문제가 있다. 가진 자들과 못 가진 자들의 대립도 그 중 하나이다. 그런데 이들의 대립, 즉 대한민국이라는 공동체 '내부에서' 발생한 문제를 해결하는 방식은 오랑 시민들, 특히 자원보건대가 페스트에 저항하는 방식과 같지 않다. 왜냐하면 오랑 시민들, 특히 자원보건대의 구성원들은 '외부에서' 온 적인 '페스트'에 저항하면서 '우리'를 형성하는 반면, 대한민국 국민들은 그 내부에서 발생한 문제로 인해 오히려 분열될 수 있는 가능성을 항상 가지고 있기 때문이다. 더군다나 페스트에서 '우리'를 형성했던 자원보건대의 구성원들도 페스트가 물러간 후에 분열될 수 있는 가능성은 얼마든지 있다.29 이처럼 카뮈를 비판하는 자들은 『페스트』에서 그가 보여주고 있는 것과 같은 자원보건대의 조직은 현실에서는 자연스럽지도 못하고 당연하지도 않다는 점을 강조하고 있는 것이다.

이와 관련하여 『페스트』에서 오랑 시를 덮친 '페스트' 발병의 원인과 그것의 퇴각에 대해 분명한 의견을 제시하지 못하고 있다는 점도 카뮈가 비판받는 주요 이유 중 하나이다. 이 같은 비판도 의미심장하다. 그도 그럴 것이, 만일 '페스트'를 한 공동체의 '외부에서' 온 적이 아니라 그 '내부에서' 발생한 적—예컨대 계급갈등—이라고 할 때, 이것이 어디에서 기인하는지, 또 이것을 어떻게 해결해야 하는지를 상세하게 검토하지 않는 채 그냥 지나간다면, 그리고 또 다시 같은 유형의 적이 이 공동체를 위협한다면, 그땐 과거에 이 적과 싸워 승리를 거둔 즐거운 추억의 의미가 퇴색될 수 있는 가능성도 없지 않기 때문이다.

정확히 이런 시각에서 많은 사람들은 『페스트』에서 볼 수 있는 자원보건대의 활동으로 대표되는 공동선의 실현을 한갓 '적십자 단체'에 의한 도덕의 구현 정도로 여기는 것으로 보인다. 여기에 대해 20세기 중, 후반 왕성한 활동을 보여준 비평가이자 기호학자였던 바르트(R. Barthes)의 다음과 같은 의견도 흥미롭다 하겠다. 즉 '자원보건대'의 세계는 "친구들의 세계이지 투사들의 세계(le monde d'amis, non de

---

29 변광배, 「카뮈 탄생 100주년, 『이방인』의 신화와 이면」, 『르몽드 디플로마티크』, 한국판, 2013년 8월호(제59호), 35쪽을 참고할 것.

militants)"가 아니라는 의견이 그것이다.[30] 이는 『페스트』가 소설이 아니라 '연대기'임에도 불구하고 오랑 시민들이 현재 살고 있는 공동체 '내부'에서 발생하고 있는 문제에 대해 추상적이고 관념적이고 형이상학적으로 접근했다는 비판에 다름 아니다.

『페스트』에서 자원보건대에 의해 드러나는 카뮈의 공동체 사유에 대한 또 하나의 비판은 이 작품에서의 "아랍인들의 부재"이다.[31] 이 작품의 배경이 되는 오랑 시는 20만의 인구를 가진 알제리의 도시이다. 그런데 이 20만의 인구 상당수가 아랍인들임에도 불구하고 카뮈는 『페스트』에서 그들의 존재에 대해서는 침묵을 지키고 있다. 그 결과 자원보건대가 갖는 '반항하는 우리'로서의 존재론적 위상이 당연히 약화되고 있다. 또한 이 같은 비판은 그대로 이 작품에서 여성들의 모습이 거의 나타나지 않는다는 비판과도 일맥상통하는 것으로 보인다. 의사 리외의 노모를 제외하곤 이 작품에서 여성들의 역할은 극히 미미한 것으로 보인다. 그로 인해 카뮈가 『페스트』에서 제시하고 있는 자원보건대를 통한 '우리'의 형성, 곧 공동체에 대한 사유는 부분적인 성공만을 거두고 있을 뿐이라는 주장이 힘을 얻고 있기도 하다.

루소, 『인간 불평등 기원론』
— 사회 속의 굴레, 몽상 속의 자유

오인영

오인영은
고려대학교에서 서양근대사 전공으로 박사 학위를 받았다. 지금은 고려대학교 융합문명연구원 연구교수로 재직하고 있다. 『개화기 한국과 영국의 문화적 거리와 표상』(공저), 『개화기 한국관련 구미 신문 자료집』(공저) 등의 저서와 『과거의 힘』, 『나라를 사랑한다는 것』 등의 역서가 있다.
yh4506@korea.ac.kr

인간은 자유롭게 태어났으나 도처에서 사슬에 매어 있다.
_『사회계약론』(1762)

조물주의 손에서 나올 때는 모든 것이 선이나 인간의 손에서 모든 것이 타락한다.
_『에밀』(1762)

1. 왜 『인간 불평등 기원론』인가

우리나라에서 장 자크 루소(1712~1778)는 주로 『사회계약론』이나 『에밀』의 저자로 유명합니다. 물론, 루소의 유명세는 사상적 매력보다도 "자연으로 돌아가라"라는 간결한 구호에 힘입은 바가 클 겁니다. 그래서 루소하면, 흔히들 '자연으로의 회귀를 주장한 사상가', 이렇게 알아듣고 또 그렇게 이야기해 왔습니다. 그러나 정작 루소는 자연을 찬양하고 문명을 부정한 사람이 아닙니다. 그가 자연 상태의 순진한 삶을 높이 치켜세운 것은 사실이지만, 그렇다고 문명사회에서 자연 상태로 되돌아가는 게 가능하다고 믿을 정도로 시대착오적이진 않았습니다. 루소는, 자신의 "적대자들"은 마치 사회를 파괴하여 내 것과 네 것의 경계를 없애고 숲으로 돌아가 곰들과 함께 살아야 한다고 주장한 양 떠벌이지만 그것은 그들이 내린 결론일 뿐이라면서, 자신은 오히려 그런 그릇된 결론을 끌어낸 사람들에게 수치심을 안겨주고 말겠다고 목소리를 높였습니다.

멀리는 소크라테스부터 니체에 이르기까지, 이름이 주는 후광효과(halo effect)를 노리고, 없는 이야기를 꾸며내서 말하는 것에 대해서는 "아니다, 그렇지 않다!"고 정정하면 됩니다. 그러나 '말하지 않은 것을 말한 것'처럼 왜곡-날조하는 행위를 바로잡는다고 해서 '그가 말한 것'이 저절로 밝혀지는 것은 아니지요. 루소가 자연회귀를 주장한 것이 아니라면 『사회계약론』의 서두에 나오는 저 유명한, 자연 상태에서 자유로웠던 인간이 사회에서는 속박 상태에 놓이게 되었다는 말은 웬 말이며, 자연 상태에서 선한 모든 것이 인간의 손에서 의해서 타락했다는 『에밀』의 주장은 도대체 무슨 소리일까요? 루소가 힘주어 말하려고 한 바를 알고 싶다면, 달리 말해서 루소 사상의 참뜻을 '가볍게나마' 살펴보려면, 『인간 불평등 기원론』(1755년 초간)을 읽는 것이 좋습니다. 아니, 왜 그의 주저로 손꼽히는 『사회계약론』이나 『에밀』이 아니라 『인간 불평등 기원론』을 권유하냐고요? 이 책의 가치와 의의에 대해서는 뒷부분에서 더 이야기하기로 하고, 여기서는 우선 이 책을 읽으시라고 권해 드린 이유를 말씀드리지요.

원론』에서 인용한 내용을 언술할 경우에는 이 번역서의 것을 뜻한다. 인용문이 짧으면 본문에서 직접 쪽수를 적어 넣고, 길 경우에는 주)로 처리하였다. 한편, 이 글을 작성할 때 도움을 받은 우리말로 쓰인 주요 자료들은 아래와 같다. 이동렬, 『빛의 세기, 이성의 문학』, 문학과지성사와 그의 논문 「프랑스 계몽주의 문학의 이념 - 『인간 불평등 기원론』에 대한 고찰」, 『세계의 문학』, 1991 겨울호; 고명섭, 「장 자크 루소」, 『광기와 천재』, 인물과 사상사; 츠베탕 토도로프, 고봉만 역, 『덧없는 행복』, 문학과 지성사; 차하순, 『루소의 지적 전기로 본 사회, 정치사상』, 『서양 근대사상사 연구』; 브로노프스키 & 매즐리슈, 차하순 역, 『서양의 지적 전통』, 학연사; 김용민, 「장 자크 루소」, 『서양근대정치사상사』, 책세상; 류청오, 「공화주의, 민주주의 그리고 루소의 사회계약론」, 『진보평론』 43호, 2010 봄; 크리스퍼 헤럴드, 「고독한 방랑자 루소」, 윌리엄 랭어 편, 박상익 역, 『뉴턴에서 조지 오웰까지』, 푸른역사, 2004.

첫째로 『인간 불평등 기원론』은 『사회계약론』과 『에밀』에 비해서 무척 가볍습니다. 어떤 책의 사상적 가치가 책의 물리적 무게와 비례한다고 생각하는 '우인(愚人)'은 없으리라 믿고 하는 말입니다만, 이 책은 가볍고 얇은 만큼 소지하기에도, 읽기에도 편합니다. 할 일 많고 바쁜 일상을 사는 사람들에게 좋은 책인데 얇기까지 하다면야 즐겁게 읽을 수 있지 않을까요?

둘째로 이 책은 『사회계약론』과 『에밀』에서 구체적으로 언술된 루소 사상의 기본적 문제의식이 잘 드러나 있는 책입니다. 글을 쓴 의도와 글의 개요가 가장 잘 소개되어 있는 부분이 책의 서론이듯이, 『인간 불평등 기원론』은 1755년 이후 루소의 저작들과 사상을 '일이관지(一以貫之)'하는 루소의 문제의식이 선명하게 드러나 있는, '루소 사상이라는 책'의 서론과도 같습니다. 이 책에 앞서 서술된 『학문 예술론』(1750)이 당대 사회의 악을 진단하고 비판한 것이라면, 이 책은 그러한 인간 사회의 악이 어떻게 불평등에서 자라나게 되었는지에 대한 인류학적, 사회적 분석과 진단을 제시하고 있습니다. 이 책에서 자라난 『사회계약론』과 『에밀』이란 꽃의 색깔들은 달라도, 인간 사회의 불평등을 근본적인 차원에서 파악하여 자유롭고 평등한 삶을 향해 나가려고 노력해야 한다는 루소의 사상적 뿌리는 달라지지 않았습니다. 이런 생각이 단지 루소만의 염원이 아니라 지금 여기 우리 모두의 희원(希願)이라고 한다면, 『인간 불평등 기원론』은 인간의 그런 보편적 염원을 상기시키고 '고무-찬양'하는 힘을 지닌 책이기도 합니다.

셋째로 이 책은 루소가 왜 프랑스대혁명의 아버지로 추앙되고 있는지를 보여주고, 그 혁명이 남긴 미완성의 과제에 대해 진지하게 생각해보도록 자극합니다. 이 책은 야만적인 불평등과 불의와 압제로 가득 찬 "앙시앵 레짐"의 부당성에 대한 간접적 묘사로 충만한, 그리고 그런 사회에 대한 반항을 정당화해 주는 수많은 주장들로 가득 차 있습니다. 이런 점에서 이 책은 "혁명을 선동하는 강한 호소력"을 지니고[3] 있었을 뿐만 아니라, 정신의 진보가 아니라 도덕의 혁신을 내세운 루소의 견해가 "덕의 공화국"을 기치로 내세워 혁명을 이끌었던 로베스피에르에게 수용될 만한 것이었음도 보여줍니다. 물론, 1789년 혁명으로 루소가 바라는 사회가 제대로 수립된 것은 아닙니다. 프랑스대혁명은 법적, 정치적 질서로 존재하던 계급제도를 파괴하고, 법 앞에 만인은 평등하다는 생각을 확산시킴으로써 적나라한 불평등을 다소 완화했지만, 오히려 혁명 이후의 사회에서 인간의 실질적 불평등은, 자본주의의 발달과 더불어, 더 크게 벌어진 측면도 있습니다. 그러나 평등의 실현을 목표로 한 일련의 실천적 노력들이 좌초되었다고 해서, 인간들 사이의 불평등이 그대로 정당화될 수 있을까요? 인간의 평등이란 본래 실현 불가능한 이상일 뿐이라고 치부하고 도외시하고서도 바람직한 사회로 나아갈 수 있을까요? 『인간 불평등 기원론』은 우리로 하여금 이런 질문에 대해 '궁리(窮理)질'해보라고 자극하는 책, 인간의 본성과 문명사회 및 양자의 관계에 관한 생각의 문을 여는 열쇠와도 같은 역할을 하는 책입니다.

---

[3] 이동렬, 「프랑스 계몽주의 문학의 이념」, 185쪽.

루소가 『인간 불평등 기원론』을 쓴 목적, 이 책의 핵심 논지 그리고 의의와 영향을 본격적으로 살펴보기에 앞서, 루소의 생애에서 의미 있는 몇몇 사건을 먼저 살펴보겠습니다. 문학 작품을 감상할 때 작가의 삶, 감정, 체험 등과 관련지어 해석하는 관점이나 역사책을 읽기에 앞서 역사가를 먼저 보라는 역사학의 금언을 굳이 떠올리지 않더라도, 루소가 살면서 만난 사람, 그리고 살면서 맞닥뜨린 사건들에 대해서 어떻게 느끼고 생각하고 반응했는지를 알면 이 책을 더욱 잘 이해할 수 있기 때문입니다. 물론, 루소의 이런 생(生)-체험을 살펴보는 일은 그 자체로도 즐겁고 흥미로운 일이 될 겁니다. 제가 아는 한, 루소는 매우 매력적이면서도 모순적인 문제적 개인이거든요.

2. 루소의 생-체험

(1) 어머니의 죽음과 죄의식

　루소는 1712년 스위스 제네바 공화국의 시계수리공이었던 이삭 루소(Issac Rousseau)의 둘째 아들로 태어났습니다. 유년의 기억은 존재에 가장 오래가는 낙인이란 말이 유효하다면, 루소를 낳고 9일 만에 세상을 떠난 어머니의 죽음은 루소의 자의식에 치유될 수 없는 내상을 입혔다고 할 수 있습니다. 루소가 말년에 "나는 나의 어머니의 목숨을 앗았다. 나의 출생은 나의 첫 불행"이었다고 회상할 정도로, 어머니 죽음의 원인 제공자라는 깊은 죄의식을 지니고 살았습니다. 이런 죄의식은 "루소야, 책을 읽었으니 우리 이제는 하늘나라에 있는 엄마에게 기도하자"라고 습관적으로 말하는 루소 아버지의 몰상식에서 비롯된 부정으로 인해서 어린 루소에게 더 깊게 각인되었습니다. 어머니의 죽음에 대한 루소의 죄의식은 나중에 모성적 여인에 대한 갈망(渴望)으로 이어졌고, 결여된 것을 향한 욕구의 강렬함은 죄의식의 승화가 아니라 심화를 초래하는 사건을 빚어내기도 했습니다. 루소는 자신의 후원자였던 바랑(Madame de Warens)부인[4]을 이상적인 모성형의 '엄마'라고 부르며 섬기다가 스물이 갓 넘은 나이에 그녀와 '이성으로서 애인'으로 사귐으로써 억압된 리비도를 승화하기는커녕 더 큰 도덕적 죄의식에 시달리기도 했거든요. 물론 이런 자책감과 뒤섞인 죄의식은, 위로와 보호를 바라는 욕구의 순수함을 애틋하게 생각한 여성들에게는 루소를 돌봐주고 싶다는 감성적인 '모성본능'을 일깨워[5] 주는 쪽으로도

---

[4] 루소가 바랑 부인을 안시(Annecy)에서 처음 만난 것은 1728년이다. 루소는 그녀의 영향으로 토리노에서 가톨릭으로 개종하였고 그녀의 양자(養子)이자 집사(執事)처럼 지냈다. 그러나 1733년 이후엔 정부(情夫)의 역할까지 하게 되었다. 루소와 그녀의 관계는 그녀가 한 남자에게 '목을 매는 스타일이 아닌' 탓에, 그리고 그녀의 경제적 어려움으로 인해서 1742년에 깨어졌다. 루소보다 13살 위였던 바랑 부인은 루소에게 무책임하기도 했지만 그만큼 친절하기도 해서, 루소는 그녀 집에 기거하면서 장차 문필가가 될 수 있는 여러 학식을 쌓을 수 있었다.

[5] 흔히 루소의 자전적 인물로 거론되는 『신(新)엘로이즈』의 주인공 생프뢰처럼, 루소에게도 "사회적으로 배척받는 낭만적이면서도 불행한 인물"이라는 이미지가 있다. 이 책에서 루소가 강조해마지 않은 "연민"을 자극하는, 그 애잔함의 이미지는 여성들의 모성애를 자극하고 그들이 루소에게 매료된 이유의 하나였을 것이다. 루소의 평생의 반려자였던 테레즈 르바쇠르(Therese Levasseur)가 바로 그랬다. 1744년, 파리에서 둘이 처음 만난 당시에 그녀는 루소의 하숙집 세탁부였다. 그녀는 배움이 없어서 시계도 볼 줄 몰랐는데, 시계가 근대문명의 중요한 상징 가운데 하나라면, 그녀는 문명에 의해 훈련되는 이성에 둔감하지만 연민이라는 자연적 감성에는 충실한 존재였다고 할 수 있다. 루소와 그녀는 다섯 명의 아이를 낳고 그들을 차례로 고아원을 보내는 '조강(糟糠)과 빈천(貧賤)'의 생활을 함께 하다가 1768년에 정식으로 결혼했다. 테레즈의 헌신적인 배려가 없었더라면, 루소의 정신적 삶은 아마도 더 분열되고 육체적 삶은 더 짧아졌을 것이다.

작용했지만, 궁극적으로는 루소의 관계망상증[6]을 악화시키는 결과를 초래했습니다.

(2) 도제시절의 독서광 생활

어린 시절 루소는 독서광이었습니다. 루소는 6살이 되면서 읽기를 배웠는데, 독서에 입문하게 된 것은 잠자리에서 자주 책을 읽어주던 아버지 덕분이었습니다. 그러나 아버지의 독서교육은 루소가 10살이 될 무렵에 끝나고 맙니다. 이삭 루소는 한 퇴역 대위와 싸움에서 칼을 뽑은 일로 당시 제네바에서 시행되고 있던 결투금지법 위반죄로 수감될 처지에 놓이게 되자 리용으로 몸을 피했고, 이로 인해서 루소는 외삼촌의 집을 거쳐 보세의 목사 집에서 2년간 기숙하다가 1725년 4월 갓 20살이 된 조각가의 견습공으로 보내졌습니다. 당시 14살이었던 루소는 고단하고 답답한 도제 생활을 독서에 '의지해서' 견뎌 냅니다. 아니, 책에 '의존해서'라기보다는 '빠져서'삽니다. 루소는 인근 책 대여점에 있는 책들을 1년 만에 모조리 읽어 치우는 독서광이 되었거든요.

---

[6] (각주 텍스트 판독 불가)

'광(狂)'이란 단어가 적절히 드러내 주듯이, 독서에 미칠 정도로 빠지게 되면 책 속의 세계를 현실로 느끼고, 일상의 생활세계는 자기와 무관한 비현실로 생각하기 쉽지요. 루소가 바로 그랬습니다. 머릿속 책의 세계가 진짜이고 눈앞의 현실은 가짜라고 느끼는 루소에게, 현실의 세계란 덧없고 의미 없는 곳처럼 여겨졌고, 실재의 자아보다 관념의 자아가 더 자기답게 느껴지게 되었을 것입니다. 이런 견지에서 루소의 견습공 시절의 독서 체험은 남의 객관적 시선보다는 자신이 빚어낸 주관적 자아상에 '도취'할 여지를 주었다고 볼 수 있습니다. 루소는 16살 때에 성문이 닫히는 바람에 제네바 시내로 들어갈 수 없게 되자 도제 생활하기를 포기하고 고향을 등집니다. 이후로 루소는 어느 한 곳에 정착하지 못하고 떠도는 방랑자로서, 어느 곳에서도 소속감을 얻지 못한 아웃사이더로서의 삶을 살게 됩니다.

(3) 파리에서의 살롱문화 체험과 아웃사이더 의식

바랑 부인과의 관계가 깨어진 후(1742년), 루소는 새로운 생활을 개척하기 위해 파리로 갔습니다. 그러나 들뜨고 정신없이 돌아가는 파리의 생활은 도제 출신의 시골뜨기로 소박하게 지내온 루소에게 당체 적응이 안 되는 '동네'였습니다. 특히, 루소는 파리의 살롱문화에 큰 충격을 받습니다. 살롱을 출입하는 '세련되고 교육받은' 사람들이 보여주는 소위 '교양과 예의범절'의 가식과 허구성에 경악을 금치 못합니다. 면전에서는 정숙하고 겸손하다고 서로를 치켜세우다가도 뒤로는 아무 거리낌 없이 사람을 내리까는, 겉과 속이 다른 위선적이고 부도

덕한 살롱문화의 경험은, 루소가 문명사회를 '멋진dandy'게 아니라 '퇴폐decadence'로 가득 찬 곳이라고 확신하는 데 일조(一助)한 생-체험으로 남습니다. 그는 당대 프랑스 사회가 위선적이라고 비판했지만 정작 자신은 천성적으로 선한 사람이라고 믿었습니다. 오늘의 잣대로 보면 숱한 비난을 받을만한 '자식 유기' 문제를 포함하여 여러 도덕적 문제들을 안고 있음에도 불구하고, 루소는 자신이 선하기 때문에 타락한 세계에서는 자기 자리를 찾을 수 없다고 생각합니다. 자신에게는 '문명의 삶'에 깃든 가식적이고 부자연스러운 정념이 없기에, 위선과 허위의 사회나 기만적인 사람들과는 조화롭게 지낼 수 없는 아웃사이더가 되었다는 게 루소의 생각이었습니다. 이런 루소의 아웃사이더 의식을 통해서, 우리는 『인간 불평등 기원론』에서 '자연적 인간'의 심성을 재구성할 때, '루소 자신을 들여다보기'를 중요한 근거로 내세운 자부심의 일단을 엿볼 수 있습니다.

    루소는 파리의 살롱에서 뿐만 아니라 지성계에서도 '생짜 무소속'

이었습니다. 즉, 그에게는 조직적이고 지속적인 동인(同人)의 후원이나 지적 연대세력이 없었습니다. 당시 프랑스 사회의 국외자일 뿐 아니라 그 사회적 질서에 비판적인 지식인 세계(특히 계몽 사상가 그룹)에서도 아웃사이더였기 때문에, 루소는 그 사회의 약점을 더 잘 간파하고, 문명사회가 인간의 본원적이고 자연스러운 정념을 얼마나 억압하는지를, 말 그대로 온 몸으로 고통스럽게 통각(痛覺)할 수 있었지만, 그와 동시에 쉽게 환영받거나 지지받기 어려운 '사회 부적응자'처럼 따돌림을 받기도 했습니다.

당대 프랑스의 지성계를 좌지우지 했던 계몽 사상가들에게서도 마찬가지의 '대접'을 받았습니다. 루소는 달랑베르, 디드로, 볼테르, 그리고 흄 등과도 친분이 있었으나 이들과의 관계는 모두 파탄으로 끝냈습니다. 디드로는 계몽사상가들 중에서 루소와 개인적 인연이 제일 깊은 사람이었고, 루소가 파리에서 백과전서파와 교류하게 된 것도 디드로와의 교분 덕분이었습니다. 루소를 단번에 '스타 지식인'의 반열에 올려놓은 『학문 예술론』도 뱅센 감옥에 수감되어 있던 디드로를 면회하는 길에서 논문공모 사실을 알게 되어서 쓴 것이었고, 실제로 디드로는 논문 작성에 관한 조언도 해주었습니다. 그러나 아카데미의 논제에 부정적 답변을 하라고 조언해 준 덕분에 루소가 출세하게 되었다고 디드로가 자랑했다는 말을 나중에 전해들은 루소는 "극단적인" 견해를 답변에 써넣도록 부추긴 장본인이 디드로라며 그의 '떠벌림'에 대해 비난을 가합니다. 우리 모두가 아는 세속적 슬기의 눈으로 보면, 이처럼 '자랑'과 '비난' 사이에 끼인 친교(親交)는 절교(絶交)로 나아가기 십상이지요. 실제로 두 사람의 관계는 서로를 원색적으로 비방하는 '적대적 관계'로 끝났습니다. 디드로는 루소와의 마지막 만남에 대해 다음과 같이 논평했다고 합니다. "그는 나를 불안하게 만들었다. 내 곁에는 저주받은 영혼이 있는 것 같았다. 나는 그를 다시 보고 싶지 않다. 그로 인해서 나는 악마와 지옥이 있다고 믿게 되었다."

인간이란 자신에게 결여된 것을 갈구(渴求)하는 존재라는 헤겔의 아이디어에 의지해서 이런 일들을 생각해보면, 파리의 하늘 아래 외톨이 처지인 루소로서는, 치밀한 논리의 구축보다는 오히려 따뜻한 마음의 교감을 더 욕망하고 소중하게 여겼을 법합니다. 또한, 루소가 계몽 사상가들을 이성적 논리만을 지나치게 강조하는 오만한 주지주의자(主知主義者) 취급하면서, 그들처럼 날카로운 논리를 구사하는 글쓰기보다는 자신의 정념과 심정이 자연스럽게 발현되는 글쓰기를 즐겼던 이유도 이해할 만합니다.

『걸리버 여행기』의 비유를 빌려 잠시 정리를 해보지요. 소인국에서 걸리버는 거인으로 비정상인 취급을 받습니다. 말들이 인간을 기르는 사회에서 인간이 세계의 주인이기는커녕 '짐승' 취급을 받는 것은 이상하달게 없습니다. 마찬가지로, 미친 사회에 사는 사람이 미치지 않았다면 그는 '비정상인'이 됩니다. 이런 의미에서 루소는 사회적 모순으로 가득 찬 당시 프랑스에 방불(彷佛)하는 모순적 인물이 될 수밖에 없었을 지도 모릅니다. 물론, 루소 사상들 사이의 '모순'이나 그에 따른 "루소의 진짜 모습(true Rousseau)"을 둘러싼 여러 해석들의 충돌[9]은 어느 정도 루소 자신의 탓이기도 합니다.[10] 그러나 루소의 글에 개인의 자전적 생-체험이 두드러지게 나타나기 때문에 상대적으로 논리적 정합성이나 체계적 분석이 돋보이지 않는다고 해서, 호소력도 없다고 생각하면 큰 오산입니다. 루소는 당대 프랑스 사회에서 가장 논리적인 사상가는 아니었을지 몰라도 가장 강력한 호소력을 지닌 사상가로 꼽을 만합니다. 게다가 이 책 『인간 불평등 기원론』의 저자로서 평등의 문제를 선구적으로 제기한 사상가의 한 사람으로 평가되기도 하고요. 요컨대, 루소의 생-체험과 진솔한 감성에 근거한 글쓰기는, 이성적 동의(同意)보다도 정서적 공감(共感)을 먼저 자아내는 호소력을 발휘함으로써 당대인들은 물론이고, '지금 여기'의 우리로 하여금 현실과 자신을 되돌아보도록 자극하고 고무합니다.

3. 『인간 불평등 기원론』의 기본 논지와 구성

『인간 불평등 기원론』에 담긴 루소의 문제의식은, 본래 자연 상태에서는 평등했던 인간이 사회 상태에 들어와 불평등하게 되었음을 증

---

[10] 루소는 일관되고 통일된 자신만의 사상체계를 형성할 당위나 필요성을 별로 느끼지 못했다. 그는 거의 혼자의 힘으로 독학을 통해서 (학이지지(學而知之)에 착안해서 말을 만들어 하자면) '통이지지(痛而知之)'한 독특한 사상가다. 즉, 체계적 교육과 훈련을 받지 못했기 때문에 자신의 개인적인 경험과 성찰에서 생각과 논리를 이끌어내는 걸 자연스럽다고 생각했다. 또한 자신이 독특하면서도 동시에 인간의 보편적 전형이라는 주관적 감성에 따라 글을 쓰는 걸 당연하게 여겼다. 『인간 불평등 기원론』을 포함해서 루소의 글에서 이런 비체계적이고 다분히 주관적이고 자기 고백적인 면모를 찾아보기란 어렵지 않다.(크리스토퍼 헤럴드, 「고독한 방랑자 루소」, 226쪽.)

명하고, 불평등의 부자연스러움과 폐해를 고발하는 것입니다. 따라서 이 책에 나타난 그의 논지는, 한 마디로 '자연스러움의 옹호와 불평등한 사회에 대한 비판'으로 요약할 수 있습니다. 루소는 본능적이고 자연적인 자유는 선하고 좋은 것이라고, 그런 상태에서 멀어져감에 따라 인간은 불행하고 사악한 존재가 되었다고 보았습니다. 그러니까, 루소는 '생물학적 충동'과 '사회적 제약' 가운데 전자에 일차적 중요성을 부여하고 후자를 최소화해야 한다고 믿은 셈입니다. 생물학적 충동 그 자체를 '구속받지 않는 자유'라고 보고, 그것이 억제되지 않은 즉, 자연스러운 상태가 순수한 자유라고 확신하였다는 점에서, 루소는 사회와 문명이 개인의 충동을 억압한다고 본 프로이트와 과잉억압에 기초한 수행원칙이 인간을 억압한다고 본 마르쿠제의 문제의식의 선구자라고 평할 수도 있습니다.

이 책은 〈"자연적 인간"의 행복〉을 기술하고 있는 1부와 〈"시민적 인간"의 행복 상실과정〉을 설명하고 있는 2부로 구성되어 있습니다. 루소는 행복과 행복의 상실(=불행) 사이에 "과"가 있는 것이 아니라 "불평등"이 놓여 있다고 보았습니다. 따라서 이 책은 이렇게 한 문장으로 요약할 수 있겠습니다. 〈모두가 평등을 향유할 수 있었던 원초적 자연 상태는 행복한 상태였으나(1부), 인간 사이에 **불평등의 싹이 트면**서부터 인간은 차츰 불행의 길로 접어들게 되었다(2부).〉 그렇다면 중요한 것은 "불평등의 싹"을 찾는 일이겠지요. 그런데, 루소는 문명사회에서의 불평등의 기원을 알기 위해서는 우선 문명 이전의 인간 자체의 근원적인 모습을 알아야 한다고 생각합니다. 문명사회에 '오염'되기 이전의 인간의 진정한 본성을 알아야만, 역사상의 어떤 사회가 인간의 본성에 적합한 것인지를 찾아낼 수 있다고 생각했기 때문입니다. 그렇다면, 인간에 관한 참다운 지식은 어떻게 얻을 수 있을까요? 루소는 그것을 얻기가 쉽지 않다는 것을 잘 알고 있었습니다. 그것은 "인간의 모든 지식 가운데 가장 유용하면서도 가장 뒤떨어져 있는 지식"인데다가 인간의 원초적 자연 상태는 "더 이상 존재하지도 않으며 어쩌면 결코 존재한 적도 없기" 때문에 그것을 실증적으로 검증하기란 불가능하기 때문입니다. 따라서 루소는 인간의 근원적인 모습을 탐구하려면 부득이 '상상적 사고 실험(imaginary thinking experiment)'[11]이라는 추측을 사용할 수밖에 없다고 말합니다(47쪽). 그가 순수한 자연 상태의 인간을 찾아내기 위해서, 즉 '마음에서' 인간에게서 모든 사회적 속성을 말끔히 벗겨낸 후, 인간의 진화를 역시 마음속에서 '실험적으로' 재구성하기 위해서, 루소가 시도한 사고실험은 크게 세 방향에서 진행되었습니다.

① 자연적 본능(습관)에 따라 행동하는 동물을 관찰하고 거기에서 유추하기 ② 현존하는 가장 덜 문명화된 사회에 사는 인간에서 추론하기 즉, 프랑수아 코레알의 『서인도 제도 여행기』와 라 콩다민, 켐페르 등이 쓴 여행기 등을 통한 간접적인 관찰을 말합니다.[12] 이와 관련하여

---

[11] 루소의 '자연 상태'는, 홉스의 '자연 상태'와 마찬가지로, 전사회적(pre-social) 상태로 가정된 상황이지 역사적으로 실재한 '과거'의 상태는 아니다. 루소는 당대 사회에서의 인간 불평등을 비판하기 위한 추론적 잣대로 자연 상태를 상정한 것이다. 즉, 현재의 사회 상태를 비판하기 위해 추론을 통해 정의(定義)한 것이다. 자연 상태를 가상적으로 꾸며봄으로써 인간의 참다운 본성을 발견할 수 있다는 것을 부연하기 위해서, 루소는 삼각형의 정의만이 삼각형에 대한 옳은 관념을 줄 수 있다고 언술한다.

[12] 루소가 참고한 여행기에 관한 정보는 『인간 불평등 기원론』의 주 73)을 보시오.

루소는 어떤 미개인이라도 이미 문화에 의해 변질되어 원초적 자연인과는 현격한 거리가 있다는, 즉 그들도 명백히 사회문화적 속성을 지니고 있다는 점에 유의합니다. 이걸 망각하면, 홉스처럼 '자연인'을 그대로 보지 못하고 사회적 특성을 부여하는 잘못을 범하게 된다는 지적도 잊지 않습니다. 그리고 가장 중요한 ③ 루소 자신을 들여다보기 루소는 인간에게서 모든 사회적 속성을 제거한 다음에, 즉 개인이 실제로 완전한 고립 상태에서 살았을 때 나타날 수 있는 인간의 면모를 발견하고자 명상을 합니다. 그런데 놀랍게도 루소는 그런 명상에서 가장 신뢰할 수 있는 길라잡이를 "자기 자신 속에서" 발견합니다. 자신이 순수한 자연(=인간의 본성)의 개념을 내면화하고 있다는 자부심은 그의 자전적 저작의 다음과 같은 구절에 잘 드러나 있습니다. "오늘날 그처럼 변질되고 그처럼 비방당하는 자연을 묘사하고 옹호하는 사람은 자기 자신의 마음으로부터가 아니라면 어디서 자연의 모델을 끌어낼 수 있겠습니까? 그는, 스스로 자기 자신을 느꼈던 그대로 자연을 묘사했습니다."[13] 이렇듯 "자신이 자연 상태를 내재화한 특별한 존재"라는 생각은 루소의 자의식의 핵심을 이루고 있는 생각입니다. 자신의 마음을 주된 명상의 대상을 삼은 루소는 그 마음을 더 자연적으로 '들여다보기' 위해서 '숲의 자연' 속으로 들어가곤 했습니다.

내 마음이 곧 자연의 마음이라는, 이런 대담한 '지적' 자부심은 제 마음에 이중의 울림을 낳습니다. 하나는 인간은 자부심 없이는 어떤 위업도 달성하기 어렵다는 울림이고, 다른 하나는 큰 인물은 잘못도 크게 할 수 있는 사람(Great person may make a great mistake)이라는 포퍼(K. Popper)의 말을 연상시키는 울림입니다. 후자의 울림에 담긴 우려에도 불구하고, 저는 생의 어느 한 시기만큼은 전자의 울림에 공명해서 잣나무처럼 곧게 뻗어 올라가는 자부심을 지녀보라고, 혹은 찾아보라고 권유하고 싶습니다. '자부심의 세례'를 받아야만 설사 '세계의 역사'라는 무대를 누비는 주역은 못되더라도 '자기의 삶'이라는 무대에서의 주인공이 될 수 있지 않을까, 라고 생각하기 때문이지요.

상상적 사고실험을 통해서 루소가 '추론'한 본원적 자연 상태는 '인간의 욕구'와, '자신이 처리할 수 있는 자원' 사이에 완전한 균형이 이루어진 상태입니다. 따라서 루소의 자연 상태에서는 서로를 부정할 필요도, 싸울 필요도 없으며 공동체의 규제나 재산도 필요 없습니다. 인간의 주된 관심사는 자기 보존이며, 인간의 욕구는 육체적 필요성을 거의 벗어나지 않는 상태이기 때문이지요. 이처럼 루소는 자연 상태는 욕망이 충분히 충족될 수 있을 만큼 생활자원이 풍부한 상태라고 묵시적으로 전제하고 논의를 전개함으로써 자연적 인간은 자족적인 삶을 살고 누구에게 예속될 필요가 없는 행복한 상태에 있었다는 견해를 끌어낼 수 있었습니다. 그러나 이런 "욕망과 충족능력의 균형" 문제는 지금까지도 매우 중요한 논점을 제기하지만 루소 자신은 이 책에서는 그것을 그저 전제로 삼아서 논의를 전개합니다.

루소가 보기에, 사회상태의 인간과 자연 상태의 인간의 가장 커다란 차이점은, 사회상태의 인간이 사회적인 소속, 타인과의 의존관계

그리고 다른 인간과의 교류에 의해 규정되는 존재인 반면에, 자연 상태의 인간은 혼자라는 점에 있습니다. 이런 점에서 홉스와 로크의 자연 상태를 각기 '투쟁 상태'와 '평화 상태'라는 말로 요약할 수 있다면, 루소의 자연 상태는 '고립 상태'로 특징지을 수 있습니다. 루소의 자연 상태의 인간은 지극히 단순한 육체적 욕구만을 지닌 존재로서 누구나 속박에서 자유로운 "고립된" 자연인으로 살아갑니다. 즉 자연 상태의 인간은 홀로 떠도는 비사회적 존재입니다. 이처럼 루소가 보는 자연 상태의 인간은 생물심리학적(bio-psychological) 욕망만을 지닌 존재이므로 이성보다는 감정에 의해 움직입니다. 루소는, 자연 상태의 인간은 (사회의 산물인 이성에 선행(先行)하는) 두 가지 감정을 가지고 움직인다고 언술합니다. 하나는 자신의 생명을 지속적으로 보존하려는 자연스러운 생존 정념인 **자기애**(amour de soi)이고(195쪽 주 98), 다른 하나는 타자의 고통에 공감하는 선천적 감정인 **연민**(pitie)입니다. 자기애가 개체의 보존을 확보해주는 것이라면, 연민은 종의 보존을 지켜주는 일종의 규범에 해당됩니다(199쪽 주 99). 자연의 인간은 선하다는 것이 무엇인지 모른다는 바로 그 이유 때문에 선악(善惡)의 개념에서 벗어나 있지만, 이 두 가지 감정에 의해서 무위(無爲)하고 평화롭게 지낼 수 있다고 본 것이지요.

요컨대, 홉스 식의 표현법으로 각색해서 말하자면, 루소가 보는 원초적 자연 상태의 목가적인 인간은 고독하고, 무사태평하고 평화로우며, 건강하고 자신의 환경에 잘 적응하고, 생각도 정열도 없고, 예측도 기억도 없는 존재입니다. 그리고 이성적 동물도 아니고 사회적 동물도 아니라는 점에서 인간이라는 '신분'에서 벗어나 있는 존재이기도 합니다. 이처럼 자연 상태의 인간은 동물들과 크게 다르지 않은 것으로 보이지만, ①규칙도 예속도 없는 상태에 있는, '행위를 변경-선택할 수 있는 자유로운 존재'라는 특질을 지닌다는 점에서, ②자신을 개량하고 변화시킬 수 있는 완전가능성(perfectibilite)을 지니고 있다는 점에서 동물과 결정적으로 구별된다고 루소는 언명합니다. 이 가운데 인간의 완전가능성은, "인간과 자연의 균형 상태(직접적 관계)"가 자연적 조건, 다른 동물들과의 다툼, 인구의 증가 등과 같은 우연적인 요인들로 인해서 차츰 균열을 일으키게 되면 인간을 평온한 자연 상태에서 끌어내는 역할을 수행합니다. 물론, 그 균열의 틈새는 소유의 출현과 소유의 제도화로 결정적으로 벌어져서 불평등이란 '악(惡)'으로 채워지게 된다고 보지요.

자연 상태를 흔히 야만이라고 부르지만 루소는 만일 그걸 "야만"이라고 한다면, 그것은 '고결한 야만'이며 소위 "야만 상태"에서의 인간은 문명사회보다 훨씬 더 인간적이고 자유로운 삶을 영위할 수 있었다고 주장합니다. 왜냐하면 그 시기의 인간은 아직 "주인과 노예"로 나누어지지 않았을 뿐만 아니라 자신에 관해서는 자기애를, 타인에 관해서는 연민을 발휘하고 있기 때문입니다. 즉, 자기애에 충실하면서도 다른 사람들의 불행과 고통을 자신의 것처럼 느낄 줄 아는 선한 마음씨를 가지고 있기 때문이라는 것이지요. 그렇다고, 루소가 자연 상태에서는 모든 인간이 평등하다는 식으로 느슨하게 생각한 것은 아닙니다. 자연 상태에서도 각 개인마다 신체 상태나 건강, 지성 등의 "자연적-신체적 불평등"은 존재한다고 루소는 봅니다. 다만 자연적 불평등이 사회 상태 하에서의 "도덕적-정치적 불평등"과 결부되지 않는 한, 즉 자연 상태 하에서는 문제가 되지 않는다고 생각했습니다. 왜냐하면, 단지 자연적 차이 자체가 사회적 불평등의 원인이 아니기 때문입니다. 게다가 자연적 불평등만 존재한다면, 그것은 충분히 해결될 수 있다고 보았지요. 어떻게? 바로 자기애와 연민으로!

4. 『인간 불평등 기원론』의 2부 : 불평등으로의 길

루소는 소유의 출현을 "문명사회의 실질적 창시"이자 "자연 상태의 마지막 지점"이라고 단언합니다(95쪽). 그러나 소유관념은 인간의 정신 속에 한순간 갑자기 형성된 것이 아니라 그 이전에 순차적으로 발생한 많은 관념들에 의존하는 것이고, 인간의 관념들은 그 자체적으로 저절로 생겨나는 것이 아니라 외부적인 요인과의 "우연적인" 결합에 의해서, 즉 자연적-사회적 변화와의 관련하여 일어난다고 보았습니다. 따라서 루소는 이 책의 2부에서 "인간 **불평등의 기원과 발전과정**을 인류 **정신의 지속적인 진보 속에서**"(92쪽, 강조는 인용자) 찾겠다고 말했지만, 실제로는 인간 불평등의 발생과정을, 단지 관념의 변화가 아니라 자연적, 사회적 요인의 변화와 그에 따른 인간의 정념과 정신의 변화를 함께 탐사합니다. 우선, '소유관념'이 형성되고 '소유'가 제도화되기 이전까지의 '전사(前史)'에 대한 루소의 추론을 간단히 요약하면 다음과 같습니다(96-104쪽).

자연의 장애물 극복을 위해 **도구**(뗀석기)의 사용 ⇒ 인구의 증가, 생활양식의 자연적 분화, 불의 이용 ⇒ 사냥기술의 발전 ➡ 동물에 대한 우월감, 인간 자신에 대해서는 "**자존심**" 형성 ➡ 타자와 협력/경쟁해야 할 경우를 구분 ⇒ **돌도끼**(간석기)의 사용, 오두막 짓기 ➡ 가족의 형성되고 일종의 소유개념이 도입 ➡ 공동거처로 부부애와 부성애가 출현 ⇒ 남녀 간의 **자연적 분업** ⇒ 이웃과의 교류 증대 ➡ 언어의 전파 ⇒ 같은 생활양식, 음식, 기후의 영향으로 지역별 **생활공동체** 형성 ➡ 공동생활의 경험과 교류는 타자와의 비교를 익숙하게 만들어서 새로운 개념(가치, 미)과 감정(사랑, 질투)을 낳고, "**인정받는 것**"을 "**가치**"있는 것으로 만든다("불평등과 악덕을 향한 최초의 발걸음" 103쪽). 이제 저마다의 마음에서 **허영심과 경멸, 수치심과 부러움**이 생겨남 ➡ 이렇게 해서 **인간은 타인**(의 인정과 평가[15])에 의존하는 상대화된 존재가 된다.

여기서 주목할 점은, 루소는 인간 정념의 변화를 초래하고 인간을 사회에 결속시키는 일련의 외부적인 요인들을 "우연적인" 것으로 파악하고 있다는 점입니다. 다른 동물들의 위협이나 자연 조건의 변화[16]와 같은 요인은 반드시 그렇게 될 수밖에 없는 필연적인 것도, 인간이 애당초 희망한 것도 아니었습니다. 인간은 이런 자연적 환경의 변화무쌍

---

[15] 이상의 요약은 『인간 불평등 기원론』, 96-104쪽.
그리고 타인의 인정이 중요해진 결과와 관련해서는 다음의 문장을 참고하시오. "사람들이 서로 상대방을 평가하기 시작하여 존경이라는 관념이 마음속에 형성되자, 누구나 자기가 존경받을 권리가 있다고 주장했다. 그리고 그것을 거부하면 누구도 무사하지 못하게 되었다. 그리하여 예의범절과 의무가 미개인들 사이에도 생기게 되었으며 고의적인 범행은 모두 모욕으로 간주되었다."(40쪽)

[16] "여러 해 동안의 가뭄이나 춥고 긴 겨울, 찌는 듯한 여름 이 그들에게 새로운 생활방식을 강구하게 만들었다"(97쪽)

함에 맞서 자기의 생존을 지키기 위한 노력을 했을 뿐입니다. 그런 인간적 노력을 가능할 수 있었던 것은, 앞서 언급한 인간의 완전가능성 덕분이지요. 즉 인간은 우연적인 발전이 진행되는 동안에 가족을 형성하고 함께 행동하는 법을 체득하면서 말하는 것을 배웠고, 언어를 사용함으로써 지식을 축적하고 그것을 자손에게 물려주는 능력을 갖게 되었습니다. 한 마디로 '문화를 만들어 내는 능력을 갖게' 된 것입니다.

루소는 인간이 문화를 만들어냈으나 아직 사회적 불평등은 존재하지 않는 단계(Ⅱ)[17]를, "원시상태의 무위와 우리 이기심의 극성스러운 활동"의 중간에 위치한 시기를 "세계의 진정한 청춘기"라고 불렀습니다.(105쪽) 대략 오늘날 구석기 시대, 혹은 가부장적인 공산사회라고 말하는 시기인 이 단계는 자연 상태에서 사회 상태로 나아가는 일종의 이행기로서 아직 사회적 해악이 존재하지 않는 단계입니다. 아니, 이 단계에서도 불평등은 존재했지만 그것은 가족 내에서나 존재했을 뿐 인간들 사이에는 아직 일반화되지 않았고, 가족 내에서의 불평등이란 것도 아이들이 생존을 위해 부모에 의존하는 데서 비롯된 자연적이고 임시적인 불평등일 뿐이라고 루소는 주장합니다. 한 마디로 이 시기는 해로운 악(惡)으로 전화되지 않은 불평등만 있는 단계입니다. 루소가 "자연으로 돌아가라"라고 말했다는 주장의 울림이 너무 큰 탓에, 흔히들 루소가 자연 상태의 인간을 이상화했다고 말하지만 엄밀히 말하면

고립적으로 홀로 떠도는 고립된 "자연적 인간"이 아무 감정을 경험하지 못하는 자연 상태보다도 이 시기(Ⅱ)를 더 좋게 바라보았습니다. 그래서 루소는 이 시기를 "인간 기능 발달의 이 시기가 가장 행복하고 안정된 최상의" 시기라고 표현합니다. 이 단계에 접어들면 인간 사이의 의존과 교류는 점점 늘어나고 인간은 허영심과 시기심도 갖게 되었지만, 그와 동시에 사랑과 충성심과 즐거움의 욕구 또한 갖게 되었다는 점에 주목한 것이지요.

루소는 이 단계에서 인간은 "본성이 허용하는 만큼 자유롭고 건전하고 선량하고 행복하게" 살았고, 인간의 삶은 "교류의 평온함"을 누리면서 "상호간에 독립적인 상태"에 놓여 있다고 생각합니다. 그러나 "인간에게 최상의 상태"였던 이 시기는 "인간이 타인의 도움을 필요로 하는 순간, 그리고 혼자서 두 사람 몫의 양식을 차지하는 것이 유리함을 알아차리게 되자마자, 평등은 사라지고 소유가 도입되고 노동이 필요"하게 되면서 끝나게 됩니다. 루소는 "철과 밀"로 표상되는 야금술과 농업의 발명을, 인간의 자족적이고 독립적인 삶이 의존적이고 예속적인 삶으로 바뀌는 "거대한 변화"를 초래한 기술적 계기라고 보았습니다. 더 많은 수확을 얻기 위해 발명된 경작기술과 야금술은, 단순하고 소박한 "생존을 위한 경제를 생산 경제로 변모시킨 문명화"의 장본인[18]이라는 것이지요.(106-108쪽) 이로 인해서 "광활한 숲은 인간의 땀으로 적셔야 할 들판"으로 변했고, "그 들판에서는 수확과 더불어 예속과 비참이 싹트고 증가"하게 되었습니다.

---

[18] 『인간 불평등 기원론』, 106-109쪽. 이 문단 처음의 인용은 106쪽.

이 단계에 들어서면 공동생활과 분업이 일반화됩니다. 사람들은 농부, 대장장이, 사냥꾼 등으로 분화되고, 경작할 여력이 없는 사람들이 늘어나면서 그들을 부양하기 위해 경작자는 자기가 필요로 하는 것보다 더 많은 곡물을 생산해야만 합니다. 실제의 필요 이상의 것을 생산하게 되면서 잉여분의 소유를 둘러싼 다툼이 잦아지고, 소유의 관념은 점점 더 확산되기에 이릅니다. 소유권은 단지 토지에서 생산된 수확물만이 아니라 토지 자체에 대한 권리로 확대됩니다. 자신의 노동으로 경작한 토지에서 나오는 수확물에 대한 권리는 해마다 그 토지에서 경작할 수 있는 권리가 되고, 토지 점유가 반복되면서 아예 토지 자체에 울타리가 쳐지게 됩니다. 이 과정에서 약삭빠르지 못한 사람은 울타리 밖으로 밀려나서 가난뱅이가 되고, 타고난 힘이 약하거나 재주 없는 사람들은 먹고살기 어려운 처지에 놓이게 되었고요. 그러나 이제 힘이 센 사람은 더 많이 일하고, 재간 있는 사람은 노동을 절감하는 여러 방법을 만들어내서 남과 똑같은 일을 하면서도 더 많이 생산하고, 더 많이 벌 수 있게 되었습니다. 이렇게 소유가 일반화되면서 타고난 힘이나 재능과 같은 자연적-신체적 '차이'도 사람들의 운명에 영향을 '차별' 요인이 되어버리고 맙니다. 게다가 상속제도에 의해서 생산물과 생산수단에 대한 소유가 특정 인물들의 사유물로 고착되면서 '모두의 것인 자연'에 대한 "횡령"이 일어나고, "무력하거나 무관심했기 때문에 제대로 상속받지 못한 자들"이 "부득이하게 먹고살 것을 부자에게서 얻거나 빼앗아야(112쪽)" 하는 "굴종" 또는 "약탈"이 생겨납니다.

 루소는 이런 "비참하고 끔직한 무질서" 상태를 다음과 같이 묘사하고 있습니다. "부유한 자의 횡령과 가난한 자의 약탈과 모든 이들의 방종한 정념이, 자연적인 연민이나 아직은 약한 정의의 목소리를 잠재우면서 인간들을 인색하고 야비하고 악독하게 만들었다. 가장 강한 자의 권리와 최초의 점유자의 권리 사이에는 끊임없는 분쟁이 일어났으며, 그것은 투쟁과 살인에 의해서 종식될 수밖에 없었다. 갓 태어난 사회는 더없이 끔찍한 전쟁 상태로 변해 버렸다."[19] 루소의 눈에, 소유가 낳은 불평등, 불평등이 낳은 인류의 타락은 "악"이었습니다. 왜냐하면 일단 이런 타락이 시작되면 그것을 막아주는 장치가 없다고 보았기 때문입니다. 사회에서 소유와 더불어 생겨난 불평등은 자기애와 연민으로도 해결되지 않습니다. 사회 상태에서 인간의 자기애는 교만한 자존심으로 타락하고,[20] 연민은 남의 행복을 질시하는 시기심으로 변질되고 말았기 때문에 사회가 발전할수록 인위적 불평등은 오히려 확대될 뿐입니다. 루소는 홉스가 자연 상태에 설정했던 만인의 만인에 대한 투쟁을 이 단계에서 발견합니다. 투쟁이란, 루소가 보기에 자연 상태가 아니라 사회에서 일어나는 것이기 때문입니다. 그것은 타자에 대한 무관심을 특징으로 하는 자연적 인간의 속성도 아니고, 폭력적 지배가 없는 자연 상태의 현상도 아닙니다. 투쟁은 사회적 현상입니다. 따라서 루소는, 홉스가 이미 사회 상태에 진입하여 사회적 속성에 물든 오염된 인간의

---

[19] 『인간 불평등 기원론』, 113쪽.

[20] 루소가 저자 주)에서 자기애(amour de soi)와 자존심(amoue proper)은 그 "성질"과 "효용성"에서 크게 다르다면서 양자를 구분한다.(195쪽) 자기애는 자기보전에 관심을 갖는 모든 동물의 자연스러운 감정이며, 인간의 경우에는 "자기애가 이성에 따라 인도되고, 동정심에 따라 변용되면서 인간애와 미덕"을 낳는다. 반면에, 자존심은 "사회 안에서 생기는 상대적이고 인위적인 감정"으로, "각 개인을 누구보다도 우선시하며 사람들이 서로 간에 행하는 모든 악을 일깨우는 동시에 명예의 진정한 원천이 된다." 따라서 루소가 말하는 참된 자연 상태에서는 자존심이란 애당초 존재하지 않는다.

모습을 자연적 인간의 모습으로 잘못 생각했다고 평가합니다.

모든 사람이 서로 목숨을 걸고 싸우는 투쟁 상태는, 사실상 "비천하고 황폐해진 인류" 모두가 공멸할 수도 있는 무정부 상태이기 때문에 계속 유지될 수 없는 상태입니다. 루소는 이런 상태를 종식시키기 위한 질서에 근거한 사회의 개념은 부자의 머리에서 맨 처음 생겨났다고 보았습니다. 루소가 보기에, 부자들은 무질서 속에서 누구에게나 공통적인 생명의 위험 이외에도 개인적으로 재산의 위험에 처해 있었습니다. 게다가 "자신의 입장을 정당화할 유효한 이유"나 모든 강도떼로부터 "자신을 방어할 충분한 힘도" 없고, "상호간의 질투심 때문에 약탈의 공통된 희망으로 결집된 적들에 대항하여 자기의 동료들과 결합할 수도 없어서, 만인에 홀로 맞설 수밖에" 없다는 "절박한 필요"에 따라, 부자는 마침내 "인간의 정신 속에 일찍이 스며든 적이 없는 가장 교묘한 계획"을 생각해 냈습니다. 그것은 "자신을 공격하는 자들의 세력 자체를 자신에게 유리하게 사용하고, 자신의 적대자들을 자신의 방어자로 만들고, 그 적대자들에게 **다른 준칙**을 불어넣어 자연법이 자신에게 불리했던 것과 마찬가지로 자신에게 유리한 **다른 제도들**을 그들에게 **부여**하는 것이었다.(114-115쪽, 강조는 인용자)" 부자는 아무 경험이 없어서 속아 넘어가기 쉬운 사람들에게, 평화와 소유와 안전을 지켜주는 규칙과 법을 만들고 저마다의 권리와 의무를 정하자고 주장했고, 이런 부자의 논리에 의해서 "질서와 평화의 구실로서 소유권은 정당성을 확보하고, 경제적 찬탈은 정치권력으로 변모" 하게 되었습니다.

루소가 본 사회와 법률의 기원은 대략 이러합니다. 그리고 루소가 보기에, "사회와 법률은 약자들에게는 새로운 구속을 부여하고 부자에게는 새로운 힘을 부여해 자연적 자유를 영원히 파괴"하고, "소유와 불평등의 법률을 영원히 고정시키고 교활한 횡령을 당연한 권리로 확립시켜 그 후 온 인류를 몇몇 야심가들의 이익을 위해 노동과 예속과 비참에 복종시키는" 결과를 초래함으로써 "자연적 자유를 영원히 파괴"했습니다. 루소는 사회적 질서의 확립이라는 이 결정적 단계를 넘어서 이후의 불평등의 진전 과정을 다음과 같이 3단계로 요약합니다. "불평등의 진행을 따라가 보면, 법과 소유권의 설정이 제1단계이고, 행정 권력의 제도화가 제2단계이며, 합법적인 권력에서 독단적인 권력으로 변화하는 것이 제3단계임을 알 수 있다. 따라서 부자와 빈자의 상태는 첫 번째 시대에 의해, 강자와 약자의 상태는 두 번째 시대에 의해, 주인과 노예의 상태는 불평의 마지막 단계로서, 새로운 변화가 나타나 정부 권력을 완전히 해체하거나 정당한 제도에 가깝게 만들 때까지는 모든 단계로 거기로 귀착된다."[22] 여기서 엿볼 수 있듯이, 루소는 올바름과 선이 사라지고 "노예"들에게 "맹목적인 복종만이 유일한 미덕"으로 남아있을 뿐인 상태를 불평등의 마지막 도달점으로 파악합니다. 그리고 그런 상태에서 윤리가 땅에 떨어지고, 어리석음이 참된 지혜를 가로막으며 극심한 불평등이 빚어낸, '거꾸로 뒤집힌 사회'의 모순을 이렇게 묘사하면서 책을 마무리합니다. "어린애가 노인에게 명령하고, 바보가 현명한 사람을 이끌며 대다수의 사람들이 굶주리고 살

---

[22] 『인간 불평등 기원론』, 131쪽. (강조는 인용자)

아가는 데 꼭 필요한 최소한의 것마저 갖추지 못하는 판국인데 한 줌의 사람들에게는 사치품이 넘쳐난다."

5. 루소의 사유가 남긴 메아리

(1) 불평등은 누가 해결해야 하는가?

루소는 『인간 불평등 기원론』에서 소유의 제도화라는 사회적 조건이 불평등을 야기하였고, 불평등은 투쟁을, 그리고 투쟁은 국가를 낳았다고 주장합니다. 더 단순하게 말하면, 사회와 함께 불평등이 생겨나고 국가가 형성되었다는 겁니다. 이런 점에서 루소의 국가관은, 국가를 다양한 집단의 이해 갈등을 조정하는 중립적 기구가 아니라 재산을 보호하기 위한 지배계급의 도구라고 보는 마르크스의 국가관과 크게 다르지 않습니다.[23] 루소는 『인간 불평등 기원론』에서 "불평등은 자연 상태에서는 거의 찾아 볼 수 없음으로 인간 능력의 발달과 정신의 진보에 따라 성장하고 강화하며, 소유권과 법률의 제정에 따라 안정되고 합법화"된다는 강조합니다. "인간은 본래 선하지만 인간들은 (사)

악하다"(172쪽 주 70)는 생각은 이후 루소 사상의 '메인 테마'가 되었습니다. 『사회계약론』과 『에밀』의 저 유명한 첫 문장들은 '인간은 자연적으로 선하지만 사회에 의해 타락하게 되었다'는 주제곡의 변주(變奏)이지요.

인간은 자유와 이성을 지니고 태어났음에도 불구하고 불평등하게 되었고, "노예"로 전락하게 되었다는 루소의 전언(傳言)에, 우리가 동의하건 동의하지 않건, '자연 상태로부터의 이탈(소외)'이 '사회 질서의 수립을 위해 치른 대가'라는 그의 일관된 논지는, 우리를 생각의 세계로 이끕니다. 루소의 견지에서 보면, 이런 불행의 원인은 신에게서 비롯된 것이 아닙니다. 독실한 신자인 루소가 보기에, 신은 인간을 비참하게 만들기는커녕 그것을 이겨낼 수 있는 힘을 주었습니다. 또한 인간의 불행은 자연적인 것도 아닙니다. 자연은 인위적으로 불행을 빚어내지 않으며 그저 자연스러울 뿐입니다. 그런데도 인간들은 나약하고 가식적이고 심지어 사악하게 되었습니다. 인간의 불행이 "인간의 타락"과 같이 초역사적으로 소여(所與)된 것도, 저절로 자연적으로 생겨난 것도 아니라면, 그것은 역사적으로 생겨난 것이고 인간이 사회를 형성하는 과정에서 빚어낸 '사회 문제(social problem)'일 수밖에 없습니다. 인간의 불평등이 인간 사회에서 비롯된 것이라면, 그것의 해결도 사회 속에서 인간이 주체적으로 해야 하는 게 아닐까요? 루소는 이런 질문을 되새김하도록 우리네 생각의 손을 끌어당깁니다.

(2) 불평등에서 벗어나려면 인간은 어떻게 해야 하는가?

루소 사상의 기본 논지가 "인간은 자연적으로 선함을 지니고 태어났으나 사회에서 사악하게 되었다"라고 해서, 그가 자연을 찬양하고 문명을 부정했다는 생각은 지나치게 단순한 생각입니다. 소크라테스가 "악법도 법이다"라고 했다는 말이 허튼 소리이듯이, 루소가 "자연으로 돌아가라"고 말했다는 말은 오해(/곡해)일 뿐입니다. 이 글의 서두에서 『인간 불평등 기원론』의 한 대목을 인용하면서 이미 지적했듯이, 루소는 인간의 본성이 뒤로 돌아간다는 주장을 한 적이 없습니다.[24] 따라서 '자연 상태로의 재진입'이 아니라 '인간 자아의 재발견'을 촉구한 루소의 진의를 제대로 드러내려면, '자연으로 돌아가라(Return to Nature)'가 '자연을 향하라(Turn to Nature)'라고 표현하는 것이 적절합니다. 그가 역설한 것은, 인간의 자연적 성향에 거슬림 없이 그것과 조화되는 방향으로 인간이 변해야 한다는 것이기 때문입니다. 이런 점에서 "근본적으로 루소가 원한 것은 인간이 다시 자연 상태로 되돌아가는 것이 아니라 현재 처한 단계에서 자연 상태를 되돌아보는 것"(215쪽에서 재인용)라는 칸트의 해석은 적절해 보입니다. 루소는 현재 사회 상태에서의 인간의 불평등을 해결하기 위해서 더 이상 존재하지도 않는 원초적 자연 상태로 회귀하자고 주장하지도 않았을 뿐만 아니라 인간이 내면의 자연적 감정─본성적 착함을 회복하기만 하면 '만사'가 형통'하리라고 생각하지도 않았습니다. 루소가 제시한 해결방

안의 기본 요지는 인간은 자연 상태에 가지고 있던 본성적 선함을 깨닫고 그것을 현재 상태에서 이성과 양심의 기반 위에서 새로운 형태로 실현해야 한다는 것입니다. 더 줄여 말하면, 인간의 자연적 본성을 사회적 덕으로 승화시켜야 한다는 것이지요.

루소는 인간의 자연적(본성적) 선함은 감성의 차원에 속하고, 사회적 덕은 이성의 차원에 속하는 것이고, 이 둘을 제로섬(zero-sum)의 관계가 아니라 상보적 관계로 보았습니다.[25] 루소의 『사회계약론』과 『에밀』은 '자연적 본성을 사회적 덕'으로 승화시킬 수 있는 두 가지 길을 보여주는 저작이라고 할 수 있습니다. 『인간 불평등 기원론』의 문제의식의 연장선상에서 볼 때, 『사회계약론』은 '자연 상태를 벗어나서 타락한 인간을 어떤 정치적 제도를 통해서 재생할 것인가'라는 문제를 정의로운 사회계약[26]을 제재로 삼아서 다룬 저작이고, 『에밀』은 어떻게 하면 '타락한 사회를 돌이킬 수 없는 상태로 받아들이면서 개인의 교육을 통해 사회의 악에 물들지 않은 인간을 만들 것인가'를 다룬 교육서입니다.[27] 이 저작들을 통해서 일반의지(=주권)의 정당한 행사(『사회계약론』)와 교육(『에밀』)을 해결책으로 제시합니다. 그 중에서도 루

---

[25] 이런 점에서 루소가 계몽적 이성에 대해 반발한 것은 이성 자체를 근본적으로 부정한 것이 아니라 그것만을 지나치게 강조하는 주지주의와 그 오만에 대한 반발이라고 볼 수도 있다.

[26] '자연 상태'라는 개념과 마찬가지로, '사회계약'이라는 범주의 가치는 그 〈발상〉과, 현실 설명의 이론적 모델로서의 〈기능〉에 있다. 현실의 국가나 정치제도가 계약에 의해 성립되었다는 것을 역사적으로 실증할 수 없다는 결정적 약점에도 불구하고, 사회계약론은 계약을 유지하는 것은 자유롭고 평등한 개인들의 의지이며, 국가는 그런 개인들의 의지에 따라 그 존재가 좌우되는 (부차적인) 인공적 구조물이라는 근대의 혁신적 발상의 산물이다.

[27] 이동렬, 「루소」, 『프랑스 계몽주의 문학의 이념』, 259-260쪽.

소는 특히 교육의 길을 인간을 만드는 예술로서의 '인간혁명의 길'인 동시에 덕을 갖춘 시민을 육성할 수 있는 '정치혁명의 길'로 중시했습니다.

(3) 인간 교육에서 중요한 것은 '정신의 진보'가 아니라 '윤리 및 정치의 근본적(radical) 혁신'

『학문 예술론』과 『인간 불평등 기원론』의 출간으로 루소는 유명세를 얻은 대신에, 앞서 말했듯이 당대의 계몽 사상가들과의 친교를 잃어버리게 되었습니다. 특히 볼테르와는 죽을 때까지 서로 비난과 구분하기 힘든 비판적 공박을 주고받는 "적대적" 관계가 되었습니다.   사실, 당대 프랑스의 '앙시앵레짐'에 대해서 비판적이라는 점에서는, 그리고 학문과 예술이 인간사회의 도덕적 윤리에 종속되어야 한다는 점에서는 서로 큰 이견이 없었습니다. 루소와 다른 계몽 사상가들 사이의 의견의 균열은, 루소가 지식의 향상이 물질적-도덕적 진보의 동력이 아니라 사회의 악(惡)을 증대시킬 뿐이라고, 계몽 사상가들과는 정반대의 주장을 제시한 데서 비롯되었습니다. 인간의 지식과, 그것의 토대인 이성을 신뢰하고 그것이야말로 인간 사회와 역사를 앞으로 나아가게 하는 힘이자 빛이라고 믿었던 계몽 사상가들에게, 루소는 이성을 불신하고, 문명적 지식과 삶 자체를 불신하는 '죄질이 아주 나쁜' 죄를 범하고 있는 것처럼 보였던 것이지요. 그러나 루소는 사회 속에서 '인간의 재생(rebirth)'은 과학이나 기술에 의해서가 아니라 '인간 자아의 재발견'에 의해서 이루어진다고 믿었기 때문에 그렇게 주장했던 것입니다. 그리고 그 재발견에서 중요한 것은 '윤리 및 정치의 근본적 혁신'이라고 생각했습니다.

법을 동원하여 맹목적 신앙을 조롱한 적이 있다. 이에 대해 루소는 자신은 신에 대한 불신을 받아들일 수 없으며 신이 의롭지 못할 가능성에 대해서도 전혀 수긍할 수 없다면서 '만일 사람들이 고집스럽게 대도시를 건설하고 6층짜리 건물에 거주하지 않았다면 그런 대규모 재난은 일어나지 않았을 것'이라고 반박했다. 루소는 "아무리 정교한 형이상학도, 나로 하여금 단 한 순간이라도 내 영혼의 불멸성이나 영적 섭리의 불멸성을 의심하게 할 수 없을 것입니다. 나는 그것을 느끼고, 믿고, 원합니다. 그리고 내 생명이 다하도록 그것을 옹호할 것입니다"라고도 말했다. 이처럼 자기 느낌의 확실성, 주관적 신념에 대한 강한 확신을 지닌 루소가, 이신론자(理神論者)이며 합리주의자인 볼테르를 어떻게 생각했을지는 불을 보듯 명확하다. 루소가 1756년 볼테르에게 보낸 편지의 전문(全文)은 딱 일곱 자였다. "나는 당신이 싫다." 그 후로 볼테르와 루소는 죽을 때까지 견원지간이었지만, 그들의 후손들은 죽어서나마 사이좋게 지내라는 뜻인지, 아니면 죽어서도 갑론을박해보라는 뜻인지, 두 사람을 판테온에 '짝'처럼 나란히 모셨다.(이상의 내용은 크리스토퍼 헤럴드, 이용철 옮김, 「고독한 방랑자 루소」와 리오 담로시, 이용철 옮김, 「루소 인간 불평등의 발견자」에서 관련 내용을 추려서 정리한 것임.)

이와 관련하여 루소의 다음의 짧은 문장은 주목을 요합니다. "미개인은 자기 자신 속에서 살고 있는데, 사회인은 언제나 자기 밖에 존재하며 타인의 의견 속에서만 살아간다. 말하자면 자기가 존재하고 있다는 느낌을 타인의 판단에 의거하고 있는 것이다."[29] 루소는 자기보다 타인이 판단해주는 것에 오히려 행복을 느끼고 만족하는 문명인의 태도를 비판합니다. 굳이 루소의 비판이 아니더라도 '자기 자신이 되기'가 아니라 자신의 모습을 타인의 눈에 바람직하게 비치도록 '자신을 꾸미려는 태도'는, 내면의 영혼을 돌보는 중요한 일은 도외시하고 외양 꾸미기에만 치중하는 기만과 위선의 태도로 전락하기 쉽습니다. 루소는 "철학이나 인간애나 예절이나 고상한 격언에 둘러싸여 있으면서도 언제나 '우리가 무엇인가'라는 질문을 타인에게는 던지되 스스로에게는 묻지 않으면" "미덕과 무관한 명예나, 지혜 없는 이성 혹은 행복이 없는 쾌락"만이 남을 뿐이라고 목소리를 한껏 높입니다(139쪽). 자기 내면을 들여다보지 않고서는 참된 지혜나 행복을 발견할 수 없다는 것이지요. 이처럼 루소는 '참된 행복을 가져올 수 있는 미덕의 회복'과 '참된 행복을 느낄 수 있는 슬기로운 지식의 필요성'을 힘주어 역설합니다. 그리고 남들을 '쳐다보는(looking at)' 것이 아니라 자신을 '들여다보는(looking into)' 데 필요한 것은 '지식의 진보'라기보다는 '윤리 및 정치의 근본적(radical) 혁신'이라고 강조합니다.[30] 따라서 바람직한 인간 또는 바람직한 삶이란 무엇인가를 자문하고, 자답을 찾아서 자신의 내면을 들여다보는 사람이야말로 '루소'를 제대로 읽은 독자라 할 수 있습니다.

(4) 사회적 불행에서 벗어나면, 개인은 자동적으로 자유롭고 행복해지는가?

 루소는, 인간에게는 "완전가능성"이라고 하는, 선하게 나아갈 수 있는 잠재력을 지니고 있다고 보았습니다. 그리고 선한 삶으로 나아가려면 인간의 존재양식을 바꿔야 하다고 주장합니다. 프롬의 표현을 빌자면 '소유'가 아닌 '존재'를 지향하는 단순하고 소박한 자연스러운 삶을 추구한다면, 불행하다는 의식에서 벗어나 행복한 상태로 '승화'할 수 있다는 것이지요. 그러나 사회 속에 거주하는 현대인이 "무위자연(無爲自然)"하며 자연스럽게 사는 길로 쉽게 나아갈 수 있을까요? 오늘날의 인간들은 거의 다 '개인으로서 정체성'과 '시민으로서의 정체성'이 '오버랩'된 상태로 살아갑니다. 우리는 '한 사람의 개인'으로서는 "자연적 인간"처럼 살 수 있겠지만 '한 사회의 시민'으로서도 그렇게 살기란 매우 난망(難望)해 보입니다. '시민으로의 정체성'이 없거나 시민적 책임을 도외시한다면, '한 사람의 개인'으로서의 자연적 행복도 담보하기란 어렵기 때문입니다. 자유롭고 행복하게 살려면 '개인의 길'과 '시

성의 문제는 유능한 교육자라면 누구나 알고 있는 방법에 의해서 쉽게 개선되었다. 그러므로 우리가 덕을 가르칠 수 있는 방법이 찾아내기 전까지는, 도덕보다 지성의 개선을 통해서 진보를 추구할 수밖에 없다." (앤서니 웨스턴, 이보경 옮김, 『논증의 기술』, 26쪽에서 재인용.)

민의 길' 가운데 어느 하나를 양자택일할 수는 없습니다. 어떻게든 두 길을 동시에 가야한다고 말하기도 쉽지 않은 일인 데, 그렇게 행하기란 더욱 어려운 문제입니다. 그러나 정말 문제는 '어렵다'고 그 길을 가지 않을 수 없다는 데 있습니다. 그 길을 가지 않으면(will not go) 자아는 분열된 상태에 머물 수밖에 없고, 그 길을 갈 수 없으면(could not go) 인간은 불행하다고 느낄 수밖에 없기 때문이지요. 그렇다면 도대체 어떻게 해야 할까요? 저는 아직 무중(霧中)입니다. 그러나 안개 속에서 분명해 보이는 것 하나는, 루소의 『인간 불평등 기원론』은 우리가 삶의 길목에서 만나게 되는 이런 질문과 전면적으로 맞닥뜨리도록 이끈다는 사실입니다. 그렇다면, 우리를 이런 궁리 속으로 끌어들인 루소 자신은 과연 이 문제를 어떻게 해결했을까요? 그것을 살펴보며 이야기를 마무리하려 합니다.

(5) 마무리 : 자유의 몽상가, 루소

한겨레신문의 고명섭 기자의 뛰어난 해석에 의지해서 말하자면, 루소의 삶은 모순과 대결과 갈등의 연속이었습니다. 그는 모든 것들과, 심지어 자신의 삶 자체와도 불화했지만, 자기 삶의 원칙 가운데 단 하나하고는 다투지 않았습니다. 그것은 자유라는 원칙입니다. 그는 이 원칙을 시종일관 고수했습니다. 그에게 자유란 '원하는 것을 하는 것'이 아니라 '원하지 않는 것을 하지 않는 것'이었습니다. 루소는 『인간 불평등 기원론』에서 "자유는 인간의 여러 가지 능력 가운데 가장 고귀한 것"이며 "생명이나 자유"는 인간이라는 자격으로 자연에서 받은 "자연의 본질적인 선물"이기에 "누구나 향유할 수 있지만 그것을 포기할 권리"는 없다고 말합니다. "자유를 제거하면 인간의 품위가 떨어지고 생명을 제거하면 인간의 존재는 소멸된다. 그리고 이 세상 어떤 재산으로도 그 양자 가운데 어느 것도 보상할 수 없으므로, 어떤 대가를 치르더라도 이것을 포기하는 것은 자연과 이성을 동시에 거스르는 일이"된다고 자유를 강조하고 또 강조했습니다.[32] 그에게 '자유란 곧 생명'이었으며 '자유의 반대말은 곧 악(惡)'이었습니다. 그래서 그는 굴종으로 얻는 평화보다는 기꺼이 위험한 자유를 선택하겠노라고 말했고, 이 자유의 원리를 단 한 순간도 저버리지 않았습니다. 비록 루소는 여러 면에서 불완전하고 모순적이며 문제가 많은 사람이었지만,[33] 끝끝내 자유의 원리를 포기하지 않음으로써 자기 존재의 모순을 극복했고, 불화 속에서 일관성을 찾아냈으며 패배 속에서 승리를 느낄 수 있었습니다.

---

[32] 『인간 불평등 기원론』, 125쪽.

[33] 이를테면, 억압된 리비도의 비정상적 표출, 자신을 방어하기 위한 자기 고백이 역설적으로 자신을 그런 자기폭로의 가장 큰 희생자로 만들어 버리는 과도한 자기 드러내기, 그럼에도 불구하고 그것을 초월할 수 있는 내적 역량이 자신에게 있다는 자부심, 무엇도 "나의 불멸의 본성과, 이 세상의 구조와 그것을 지배하고 있는 자연의 질서 사이에 볼 수 있는 일치를 파괴하지는 못할 것이다."(유상우 옮김, 『고독한 산보자의 꿈』, 48쪽) 등의 문제를 떠올려 보시라.

키르케고르, 『죽음에 이르는 병』
— 죽음에 이르는 병인가 구원인가

임규정

임규정은
고려대학교에서 철학박사 학위를 받았다. 지금은 군산대학교 철학과 교수로 재직하고 있다. 『헤겔에서 리오타르까지』, 『공간 물질, 시간 정신, 그리고 생명 진화』 등의 저서가 있고, 키르케고르의 『죽음에 이르는 병』, 『두려움과 떨림』, 『결혼에 관한 약간의 성찰』, 『유혹자의 일기』, 『주체적으로 되는 것』 등을 번역했다.
jester@kunsan.ac.kr

1. 저술의 배경과 동기

쇠렌 키르케고르는 『죽음에 이르는 병』을 1843년 3~5월 동안 저술하여 1849년에 발표한다. 이미 지난 10여 년 동안 그를 사로잡았던 자기의 생성과 관련하여 절망이 갖고 있는 본성과 의미에 대해서 장기간에 걸쳐 사색을 거듭해 온 결과로서, 실로 『죽음에 이르는 병』은 절망에 대한 키르케고르의 장기간의 사색을 집약해 놓은 작품이라고 할 수 있다.

처음에는 아마도 한 사람이 연약함으로 인해서 죄를 범하고, 연약함에 굴복할 것이다(오호라, 왜냐 하면 너희의 약함이 탐욕, 기질, 열정, 그리고 죄의 강함이기 때문이다). 그러나 그 다음에 그는 자신의 죄에 너무나도 낙담한 나머지 아마도 또 다시 죄를 범할 텐데 절망 때문에 범죄할 것이다.

사람은 나약하기 때문에 죄를 짓고, 죄를 짓고 절망하기 때문에 또 죄를 짓는다. 죄를 짓는 사람은 절망에 빠진 채 점점 종교적인 죽음에 다가가면서도 자신의 발걸음을 멈출 줄 모른다. 소크라테스가 "너 자신을 알라"고 역설했듯이, 키르케고르는 종교적인 죽음에 다가가는 사람들이 영위하는 삶이 얼마나 고통스럽고 비참한지를 적나라하게 보여주고자 했다.

"현대는 절망의 시대이다." 키르케고르는 익명의 작품에 등장하는 여러 인물들의 절망적인 인생관을 한 권의 책으로 존재론적 틀에 담아 일목요연하게 설명할 필요를 절감하고서, 여러 익명의 작품들에 등장하는 다양한 인물들의 삶의 모습을 보여주는 간접적인 방법으로 죽음을 향해 다가가는 사람들의 절망을 보여준다.

2. 자기의 구조

『죽음에 이르는 병』에서 절망은 죽음에 이르는 병으로서 인간의 병으로 설명되고 있다. 그런데 인간은 정신이고, 정신은 자기이다.

인간은 정신이다. 그런데 정신은 무엇인가? 정신은 자기이다. 그러

애나대학 출판부, 1967~78), Howard V. Hong, Edna V. Hong 옮김, 편집. 이하 JP로 줄여서 인용하기로 한다. JP 4010;『키에르케고르 일지』(Søren Kierkegaards Papirer, I~XI3, 코펜하겐: Gyldendal, 1909~48), P.A. Heiberg, V.Kuhr, E. Torsting, 1차 편집, Niels Thulstrup, 1968~70, N.J. Cappeløm, 1975~78, 2차 편집. 이하 Pap.으로 줄여서 인용하기로 한다. Pap. X1 Ⅷ1 A 64.

면 자기는 무엇인가? 자기는 자기 자신과 관계하는 관계이며 또는 그 관계 안에서 자기 자신과 관계하는 관계이다. 자기는 관계가 아니라 자기 자신과 관계하는 관계이다. 인간은 무한한 것과 유한한 것의, 시간적인 것과 영원한 것의, 자유와 필연의 종합이며, 간단히 말해서, 종합이다. 종합은 그 둘 사이의 관계이며, 이렇게 보건대, 인간은 아직도 자기가 아니다.

그 둘 사이의 관계에서, 관계는 부정적인 통일로서 제3의 것이며, 그 둘은 관계에 이어져 있되 관계 안에서 관계에 이어져 있다. 이리하여 영혼의 조건 아래에서는 영혼과 육체 사이의 관계는 하나의 관계이다. 만일, 그렇기는 하지만, 그 관계가 자기 자신과 관계한다면, 이러한 관계는 긍정적인 제3의 것인데, 그런즉 이것이 자기이다.

자기란 자신을 자기 자신과 관계시키는 역동적 활동체라는 키르케고르의 이러한 자기관은 자기를 정적 실체로 보는 전통적인 자기관과는 전혀 다르다. 키르케고르는 자기를 정의하기 위해서 영혼, 무한, 가능성 등의 개념군과, 육체, 유한, 필연성 등의 개념군을 사용한다. 영혼과 육체, 무한과 유한, 가능성과 필연성이 짝을 이룬다. 여기에서 이 개념쌍의 대표격인 가능성과 필연성의 종합을 살펴보자.

필연성은 인간을 제약하고 구속하는 구체적인 자연-사회-정치-문화적인 환경, 성, 종족, 개인적인 경험, 정서적인 안정감, 재능, 관심, 능력, 단점들을 포함하는 환경, 조건, 처지 또는 상황을 말한다. 인간은 여러 조건이나 환경 또는 상황과 같은 필연성에 의해 제약받고 구속당하는 존재인 동시에 그런 한계를 자유롭게 넘어갈 수 있는 가능성을 가진 존재이다.

자기는 자기 자신과 관계하는 무한성과 유한성의 의식적 종합이며, 자기의 과제는 자기가 되는 것이다. 그런데 그것은 오직 신과의 관계를 통해서만 수행될 수 있다. 자기가 된다는 것은 구체적으로 된다는 것이다. 그러나 **구체적으로 된**다는 것은 유한적으로 되는 것도 아니고 무한적으로 되는 것도 아니다. 왜냐하면 구체적으로 된다고 하는 것은 실로 하나의 종합이기 때문이다. 따라서 생성의 과정은 자기의 무한화 과정에서 자기 자신으로부터 무한히 멀어지는 것이며, 유한화하는 과정에서 자기 자신에게로 무한히 돌아오는 것이어야만 한다.[4]

자기는 유한성, 즉 필연성에 얽매여 있다.

유한성이 무한성에 대한 관계에서 한정하는 축이듯이, 필연성은 가능성에 대한 관계에서 한정하는 것이다. 자기는 유한성과 무한성의 종합으로 성립되고 잠재적이므로 자신이 되기 위해서 자기는 상상을 매개로 자신을 반성하며 그럼으로써 무한한 가능성이 명백해진다. 잠재적으로 자기는 필연적인 것만큼 가능적이다. [⋯] 그러나 자기는 자신이 되는 과제를 지니고 있다. [⋯] 그리고 자기가 자신이 되는 과제를 지니고 있는 한에서 자기는 가능성이다.[5]

자기는 상상력의 도움으로 유한성 내지 필연성을 초월할 수 있다.

[4] 『죽음에 이르는 병』, 38쪽.
[5] 『죽음에 이르는 병』, 42쪽.

상상은 자기가 자신의 유한성을 반성하고 자신의 가능성을 그리는 방법이자 역량이다. 자기는 반성적 상상을 매개로 유한성 내지 필연성을 가능성과 관계시킨다.

그렇다면 이제 자기는 상상을 매개로 자신의 이상적 자기를 자신의 현실적 자기와 관계시키는 관계자, 즉 역동적 활동체로 정의될 수 있다.

그런데 여기에서 자유가 문제된다. 자신의 이상적 자기와 현실적 자기를 관계시키는 역동적 활동체가 자유로운 존재가 아니라면, 자기는 이상적 자기와 현실적 자기를 관계시키는 관계자의 역할을 할 수 없을 것이기 때문이다.

> 자기는 무한성과 유한성으로 구성되어 있다. 그러나 이 종합은 하나의 관계이다. 그리고 이것은 파생적이기는 하지만, 자기 자신과 관계하는 관계이고, 자유이다. 자기는 자유이다. 그러나 자유는 가능성과 필연성의 범주들의 변증법적 양상이다.[6]

자기가 자유로운 존재라는 것은 **결단의 개념**을 내포한다. 결단은 유한성과 무한성, 가능성과 필연성, 그리고 영혼과 육체를 종합하는 자기의식적 행위이다. 이런 자기의식적 결단의 순간에 정신은 시간의 흐름에 종속된 실재와, 미래에 나타나는 영원한 이상을 종합한다.

결단은 실존의 여러 양상과 관련하여 대단히 중요한 개념이다. 결단의 유무에 따라서 실존은 심미적 실존과 윤리적 실존으로 구분되며,

결단의 강약에 따라서 윤리적 실존과 종교적 실존으로 구분된다. 키르케고르에 따르면 종교적 실존을 제외한 모든 실존은 절망에 지배되고 있다. 이런 까닭에 절망을 삶의 형태를 통해서 구체적으로 이해하기 위해서는 다양한 실존의 양상을 고찰할 필요가 있다.

심비적 실존은 직접적 심미주의와 반성적 심미주의의 두 가지 형태로 구분되는데, 직접적 심미주의를 대표하는 인물은 돈 후안이며, 반성적 심미주의를 대표하는 인물은 유혹자 요하네스이다. 윤리적 실존을 대표하는 인물은 빌헬름 판사이며, 종교적 실존을 대표하는 인물은 아브라함이다.

이제 결단의 관점에서 이런 인물들이 영위하는 여러 실존의 양상을 살펴보고, 각각의 실존의 양상에 어떤 절망의 형태가 대응하는지를 알아보기로 한다.

3. 심미주의

(1) 돈 후안의 직접적 심미주의

『이것이냐 저것이냐』에서 돈 후안은 직접적 심미주의를 상징한다. 돈 후안의 삶의 모습은 대체로 다음과 같은 두 가지 특성을 가지고 있다. 첫째, 그의 삶은 욕망, 즉 생리적 필연성에 의해서 지배를 받는다. 둘째, 그의 욕망은 직접적이고도 즉각적인 방식으로 충족된다. 돈 후안은 마치 진한 향기를 내뿜는 꽃이 나비와 벌을 불러들이듯이 자신의 자연적인 성적 매력을 발산하는 것만으로 손쉽게 향락을 즐긴다. 이것은 그가 자신의 **현실성**에 올라타 자신이 원하는 바를 직접적이고도 즉각적인 방식으로 얻는다는 것을 말한다. 이런 의미에서 돈 후안에게는 욕망의 대상이 그의 손 안에 있는 셈이다. 즉 욕망의 주체와 욕망의 대상은 본질적으로 하나로 통일되어 있어서 분명하게 구분되지 않는다.

그런 즉, 돈 후안과 같은 직접적 심미주의자는 자신의 욕망을 충족시키기 위해서 치밀한 계획이나 음모를 꾸밀 필요가 없다. 만사(萬事)가 자기 손 안에 있는데 무슨 계획이나 음모가 필요하겠는가? 그래서 돈 후안은 상상을 하지 않는다. 즉 그는 언어로 가능성을 상상하거나 또는 사유하지 않는다.

> 중세는 어떤 지도에서도 찾아볼 수 없는 어떤 산에 관해서 많이 언급하고 있다. 그 산은 비너스가 살고 있다는 사랑의 산이다. 감성은 거기에 거처를 정하고 거기서 자신의 난폭한 쾌락을 즐긴다. 왜냐하면 감성은 하나의 왕국, 하나의 국가이기 때문이다. 이 왕국에는 언어나 건전한 사상이나 수고스러운 반성의 작업이 발붙일 곳이 없다. 거기에는 원초적인 정열의 소리와 환락의 희롱과 도취경에서 터져 나오는 난폭한 고함소리만이 들려올 뿐이고, 사람들은 영원한 황홀경 속에서, 그런 것들을 오로지 향락을 위해 향락할 따름이다. 이 왕국이 낳은 첫째 자식이 돈 후안이다.[7]

돈 후안을 지배하는 욕망은 선반성적인 것이다. 그는 자신의 가능성을 모른다. 그래서 그에게는 현실성과 가능성을 관계시키는 관계에 대한 자기의식이 있을 수 없다. 비록 직접적 심미주의가 세 단계를 거치면서 욕망의 주체와 욕망의 대상이 구분되는 방향으로 전개되기는 하지만, 진정한 의미에서 의식으로 규정될 수 없는 이유가 바로 여기에 있다.

그러나 직접성이 무르익어서 정신이 보다 높은 차원의 형식을 요구하는 순간이, 즉 정신이 자신을 정신으로 파악하려고 하는 순간이 찾아오는 법이다. 그런데 이런 순간은 가능성에 대한 반성과 더불어 찾아온다.

(2) 유혹자 요하네스의 반성적 심미주의

직접성은 반성과 결단에 의해 매개되지 않은 상태이다. 그러나 유혹자 요하네스가 대표하는 반성적 심미주의에는 반성이 현존한다. 이 단계에서 욕망의 주체와 욕망의 대상은 서로 분리되고, 욕망의 대상은 욕망의 주체의 손을 떠난다. 따라서 반성적 심미주의자는 자신의 현실성에 거저 올라탐으로써 자신의 욕망을 충족시킬 수 없다. 그는 자신의 욕망을 즉각적이고 직접적으로 충족시키는 대신, 자신의 가능성에 대해서 반성하기 시작하고, 가능성에 대한 반성은 반성적 심미주의에서 자기의식을 발생시키는 계기가 된다.

반성적 심미주의를 대표하는 인물인 요하네스가 산문체 형식의 일기를 쓰는 것은 그러한 글쓰기 형식이 자신의 끝없는 반성과 책략을 기록하기에 적합하기 때문이다. 여기에서 돈 후안과 요하네스의 차이가 드러난다. 돈 후안과는 달리 요하네스는 책략을 꾸며야하기 때문에 길고 복잡한 일기를 써야 한다.

그런데 자신의 가능성을 실현하기 위한 반성적 심미주의자의 반성은 무한하다는 특성을 갖는다. 그는 가능성을 제한하는 자신의 현실성에 눈을 감아버리기 때문에, 그의 가능성은 무한해질 수밖에 없다. 그는 가능성을 한없이 쫓아 다니고, 그 결과 가능성은 그에게 환영이 되어버린다.

> 가능성은 더욱더 강렬해진다. 그러나 현실성의 의미에서가 아니라 가능성의 의미에서 그렇다. 왜냐하면 현실성의 의미에서 강렬함은 가능성의 어떤 것을 현실화한다는 것을 의미하기 때문이다. 어떤 것이 가능해 보이는 순간에 새로운 가능성이 나타난다. 마침내 이러한 환영이 계속 빠른 속도로 나타나기 때문에 모든 것이 가능한 것처럼 보인다. 그리고 이것이 바로 마지막 순간, 개인 자신이 신기루가 되는 시점이다.[8]

이처럼 반성적 심미주의자는 구체적 현실성의 세계에서 멀리 물러나서 상상의 유희를 벌인다. 그는 가능성을 한정하는 자신의 현실성을 한사코 외면한다. 그의 이러한 행태는 참다운 실존이 아니라 단지 실존의 가능성, 즉 환상적 실존일 뿐이다. 욕망의 주체와 욕망의 대상이 구분된다는 점에서 자기의식이 현존하기는 하지만, 가능성은 결단의 매개에 의해서 현실성과 관계하지 않기 때문에 이런 의식은 잠재적이고 불충분하다.

(『이것이냐 저것이냐』의) 제1부는 실존을 얻을 수 없는 실존-가능성,

즉 윤리적으로 개선되어야만 하는 우수이다. […] 그것은 심미적 열정 속에 있는 환상-실존이며, 따라서 역설적이며 시간에 부딪혀 좌초한다. 그것은 그것의 정점에서 절망이다. 결국 그것은 실존이 아니라 실존으로 정향된 실존의 가능성이다.[9]

실존의 가능성 또는 환상적 실존에 머물러 있는 반성적 심미주의의 반성은 결단에 의해서만 정지될 수 있다. 반성적 심미주의에서 자기와 외부 세계를 구분할 줄 아는 자기의식은 결단을 예비하는 것이기는 하지만, 그것은 현실성을 외면하기 때문에 결단으로 발전하지 못하고 잠재적 자기의식으로 머물러 있다.

키르케고르는 심미주의에 대한 지금까지의 논의를 다음과 같이 종합하고 있다.

심미적인 영역 안에 있는 차이가 아무리 크다 할지라도, 모든 단계가 이런 동일성을 가지고 있다. 즉 정신이 정신으로서 규정되지 않고 직접적으로 규정되고 있다는 동일성을 갖고 있다. 그러나 그 차이는 엄청나서 완전한 바보에서 시작해서 최고도의 총명에까지 이르고 있다. 그러나 총명이라는 사실이 분명한 단계에 있어서 마저도 정신은 정신으로서 규정되고 있는 것이 아니라 재능으로 규정되고 있다.[10]

요컨대 직접적이든 반성적이든 심미주의에는 결단이 결여되어 있

---

[9] 『철학적 조각들에 대한 결론으로서의 비과학적 후서』(SV Ⅶ), 213쪽. 앞으로 『후서』로 줄여서 표기한다.
[10] 『죽음에 이르는 병』, 43쪽.

다. 심미주의자는 결단에 의해서 생성된 존재가 아니기 때문에, 자기로 규정될 수 없다. 자기의식은 결단의 정도에 따라서 상대적이기는 하지만 결단에 의해서만 진정한 의미에서 성취될 수 있으며, 자기는 결단에 의해서만 생성될 수 있다.

4. 빌헬름 판사의 윤리적 실존

심미적 단계의 기본적 특성이 결단의 결여인 반면에, 윤리적 단계의 근본적 특징은 결단의 발생이다. 윤리적 단계에 있어서 결단은 자기의 선택을 포함한다.

> 선택되는 것은 현존(現存)하지 않고 선택과 더불어 존재 속으로 들어온다. 한편 선택되는 것은 현존하고, 그렇지 않다면 선택이란 있을 수가 없을 것이다. 왜냐하면 내가 선택한 것이 존재하지 않았고 선택과 더불어 절대적으로 존재 속으로 들어온다고 한다면, 나는 선택하는 것이 아니라 창조하는 셈이 된다. 그러나 나는 나 자신을 창조하는 것이 아니라 나 자신을 선택한다. 그러므로 자연은 무(無)에서 창조되고 또 직접적인 인격으로서의 나 자신도 무로부터 창조되는 반면에, 자유로운 정신으로서의 나는 모순율(矛盾律)의 소산이고 혹은 내가 나 자신을 선택함으로써 태어난다.[11]

구체적으로 실존하는 자기는 자기에게 영향을 주는 자연적, 사회적 환경과 불가분적으로 관계되어 있다. 자기는 이런 환경에 던져지며, 그것에 둘러싸인다. 그것은 자기의 현실성의 부분이다. 윤리적 실존에서 자기는 이런 부분이 자신의 의지와 상관이 없다는 것을 알지만, 그렇다고 현재의 자기를 거부하지 않는다. 이것이 '선택되는 것은 현존하고, 그렇지 않다면 선택이란 있을 수가 없을 것이다'라는 말이 의미하는 것이다.

그러나 선택 이후의 자기와 선택 이전의 자기는 동일한 자기가 아니다. 왜냐하면 자기는 자신의 선택으로 자기의식적인, 즉 책임 있는 자기로 생성되었기 때문이다. 이 책임 있는 자기는 선택 이전에는 현존하지 않았다. 따라서 이러한 자기는 선택과 더불어 현존하게 되는 것이다.

결국 자기는 선택 이전에 존재하면서 존재하지 않는다는 모순율은 현실성과 가능성을 결단을 매개로 관계시키는 자기다운 자기가 생성되었다는 것을 말하고 있을 뿐이다.

윤리적 실존의 단계에서 자기는 자신의 구체적 현실성에 끌려 다니지도 않고, 자신의 구체적 현실성을 외면하고 윤리적 보편성을 상상하며 유희를 벌이지도 않는다. 키르케고르가 구체적 현실성을 옷 입듯이 입고 그것에 보편성을 침투시킨다는 비유적 표현을 사용하는 것은 바로 이 점을 강조하기 위한 것이다.

인생을 윤리적으로 보는 사람은 보편적인 것을 보고, 윤리적으로 사는 사람은 자신의 생활 속에서 보편적인 것을 표현한다. 그는 자기 자신을 보편적인 인간으로 만들지만, 자신의 구체성을 벗어던짐으로써 그렇게 만드는 것이 아니라(왜냐하면 그것을 벗어 버리면 그는 무로 화하기 때문이다), 자신의 구체성을 옷 입듯이 입고 그것에 보편성을 침투시킴으로써 자신을 보편적인 인간으로 만든다.[12]

윤리적 실존을 대표하는 빌헬름 판사가 제시하는 윤리적 보편성의 사례는 결혼을 유지하고 지켜주는 사랑의 의무이다. 직접적 심미주의자는 지나가는 순간의 감성적 만족을 구하기 때문에, 배우자에게 변함없이 충실해야 하는 사랑의 의무에는 전혀 관심을 기울이지 않는다. 윤리주의자 역시 사랑의 감성적인 면을 알고 있지만, 사랑은 보편적인 의무가 되어야 한다고 생각한다.

> 나에게는 의무가 사랑과는 서로 다른 풍토가 아니고, 나에게는 의무가 사랑을 참으로 온화한 풍토로 만드는 것이고, 나에게는 사랑이 의무를 참으로 온화한 풍토로 만드는 것이고, 이 연합 속에 완전성이 성립된다.[13]

사랑이 보편적 의무가 될 때, 그것은 더 이상 순간적 욕망에 지배되지 않는다. 자기는 하느님이 두 사람을 죽음으로 갈라놓을 때까지 배우자를 사랑하겠노라는 결혼 서약을 통해서 통일성을 성취한다. 즉, 자기는 더 이상 순간적인 기분과 다양한 가능성으로 분산되지 않는다. 키르케고르의 결혼에 대한 분석은 일반적으로 윤리적 의무에 적용될 수 있다. 욕망은 자기가 추구하는 윤리적 이상에 의해서 통제된다. 자기는 윤리적 이상을 실행해야 한다는 의무를 따름으로써 욕망의 지배자가 되는 것이다. 물론 이것은 단번에 성취되지 않는다. 따라서 자기가 윤리적 실존을 지속적으로 유지하기 위해서는 자신의 의지를 강하게 단련할 필요가 있다.

5. 아브라함의 종교적 실존

빌헬름 판사와 같은 윤리주의자는 절대적 타자를 모른다. 그는 윤리적 질서와 신을 구별하지 않는다.

> 신과 인간 사이에는 [⋯] 절대적인 차이가 있다. 신에 대한 인간의 절대적인 관계는 특별히 절대적인 차이를 표현해야 한다. 그래서 직접적 동일성은 뻔뻔스러움, 우쭐한 허영, 주제넘음 따위가 된다.[14]

윤리주의자는 신과 인간 사이의 절대적 동일성을 믿는다. 그러나 신과 인간 사이에는 절대적 차이가 존재한다. 따라서 사람들 상호간의 의무는 신에 대한 의무와 구별되어야 한다. 다시 말해서 자기는 절대적인 목적에 대해서는 절대적으로, 상대적인 목적에 대해서는 상대적으로 관계해야만 한다.

성서의 창세기에서 하느님은 아브라함에게 외아들 이사악을 번제

---

[14] 『후서』(SV VII), 357쪽.

로 바치라고 명령한다. 그런데 이는 아버지는 윤리적으로 자신보다 아들을 더 사랑해야 한다는 윤리적 의무에 반하는 것이다. 이사악을 모리아 산으로 끌고 가서 번제로 바치려고 한 아브라함의 행동은 윤리적으로 도저히 이해될 수 없다. 아브라함은 윤리적으로 보면 자신의 외아들을 죽이려고 한 흉악한 범죄자일 뿐이다. 이런 흉악한 범죄자가 그리스도교계에서 신앙의 기사로, 신앙의 영웅으로 칭송받다니, 이보다 더 해괴한 일이 있을 수 있는가?

아브라함은 결단을 통해서 윤리적 의무를 무한히 체념하고, 하느님에 대한 절대적 관계 속으로 들어간다. 그는 보편적 세계를 넘어서 하느님 앞에 홀로 섰다. 그리고 이러한 아브라함의 비약은 언어로 이해될 수 없는 역설이다. 언어는 보편적 세계를 뛰어넘는 개별자의 비약을 표현할 수 없으며, 그래서 아브라함의 비약은 영원히 역설로 남는다. 여기에서 키르케고르의 말을 들어보기로 하자.

> 신앙이란 개체가 개별자로서 보편적인 것보다 더 상위에 있고, 보편적인 것에 대하여 권리를 지키고 있음으로써 그 밑에 종속하는 것이 아니라 그 상위에 놓인다는 데 그 역설이 있다. 특히 유의해야 할 것은 개체가 개별자로서 보편적인 것의 하위에 놓인 다음에, 그 보편적인 것을 통하여 개체로서 보편적인 것의 상위에 있는 개별자가 된다고 하는 역설, 개체가 개별자로서 절대자와의 절대적인 관계에 서게 된다는 역설이다. 이 입장은 매개를 필요로 하지 않는다. 왜냐하면 모든 매개는 바로 보편적인 것의 힘에 의해서 일어나는 것이기 때문이다. 이 입장은 영원히 역설로 남을 것이며, 사고로는 접근할 수가 없다.[15]

아브라함의 종교적 실존에서 아브라함의 발목을 잡는 현실성은 다름 아닌 윤리적인 것이다. 윤리적인 것은 뭇사람에게는 높은 이상으로 다가오지만, 아브라함의 경우에는 발목을 잡아당기는 달콤한 유혹일 뿐이다. 아브라함은 이 달콤하기 그지없는 유혹을 단호하게 뿌리쳤기 때문에 보편적 세계의 밖으로 나가버린 외톨이가 되었으며, 비약의 순간에 신과 아브라함 사이에 오고 갔을 언어는 영원히 이해될 수 없는 언어로, 즉 역설로 남는다.

그러면 이렇게 결단의 관점에서 고찰된 실존의 여러 양상들은 절망의 형태와 어떤 대응 관계에 있는 것일까?

6. 실존의 여러 양상 대(對) 절망의 형태

키르케고르에 따르면 절망에는 다음과 같은 두 가지 형태가 있다.

이처럼 자기 자신과 관계하는 그러한 관계, 즉 자기는 그 자신을 정립하였던지 아니면 타자에 의해서 정립되었을 것이다.

만일 자기 자신과 관계하는 관계가 타자에 의해서 정립되었다면, 그렇다면 그 관계는 사실 제3의 관계인데, 그러나 이 관계, 즉 제3의 관계는 그렇지만 또다시 하나의 관계이며 더욱이 관계 전체를 정립한 것과 관계하고 있다.

---

15 키르케고르, 손재준 옮김, 『공포와 전율』, 삼성출판사, 1986, 94쪽. 이 책에서는 공포는 두려움으로 전율은 떨림으로 옮겼지만, 우리말 번역본의 제목이 공포와 전율로 되어 있어 그대로 표기한다.

인간의 자기는 그처럼 파생된, 정립된 관계이며, 자기 자신과 관계할 뿐더러 자기 자신과 관계하는 가운데 타자와도 관계하는 관계이다. 이것이 바로 엄밀한 의미에서 두 가지 형태의 절망이 있을 수 있는 까닭이다. 만일 인간의 자기가 그 자신 스스로를 정립하였다면, 그렇다면 딱 한 가지 형태, 즉 자기 자신이기를 원하지 않는, 자기 자신을 없애고 싶어 하는 형태만 가능할 것이며, 절망하여 자기 자신이기를 원하는 형태는 있을 수 없을 것이다.[16]

절망의 첫 번째 형태는 자기 자신이기를 원하지 않는 것, 즉 자신을 제거하려고 하는 것이다. 키르케고르는 이런 형태를 연약함이라고 부른다. 절망의 두 번째 형태는 절망적으로 자기 자신이기를 원하는 것이다. 키르케고르는 이런 형태를 반항이라고 부른다. 그런데 반항의 형태는 연약함의 형태와 본질적으로 다르지 않으며, 따라서 연약함의 형태로 환원될 수 있다.

자기 자신에 대해서 절망하는 것, 절망에 빠져서 자기 자신으로부터 벗어나고 싶어 하는 것—이것은 모든 절망에 대한 공식이다. 그렇기 때문에 절망의 다른 형태, 즉 절망에 빠져서 자기 자신이고 싶어하는 것은 첫 번째 형태, 즉 절망에 빠져서 자기 자신이고 싶어 하지 않는 것으로 소급될 수 있는바, 이는 우리가 앞에서 절망에 빠져서 자기 자신이고 싶어 하지 않는 형태를 절망에 빠져서 자기 자신이고 싶어하는 형태로 환원한 것과 같다.[17]

현실성이 가능성을 제한하느냐의 여부에 따라서 또 현실성이 가능성을 얼마나 강하게 제한하느냐에 따라서, 용기의 필요성 여부와 자기가 결단할 때 자기에게 필요한 용기의 강도(强度)가 달라진다. 예를 들어 돈 후안과 같은 직접적 심미주의자는 현실성의 제한을 전혀 받지 않기 때문에 결단의 용기가 필요하지 않지만, 종교적 실존을 대표하는 아브라함의 경우에는 상상을 불허하는 용기가 필요하다. 왜냐하면 윤리적 보편성이 신 앞에 홀로 설 수 있는 가능성을 말로 표현할 수 없을 만큼 강하게 제한하기 때문이다.

신에 대한 자신의 존재론적 의존을 인정하지 않는 반항은 겉으로 보기에는 강한 듯이 보이지만, 실은 연약함과 다를 바 없다. 반항은 종교적 실존을 영위하는 것보다 비교도 할 수 없을 정도로 쉬운 일이며, 따라서 종교적 실존에 비하면 엄청나게 연약하기 때문이다. 반항이 연약함으로 환원될 수 있다는 키르케고르의 말은 이런 맥락에서 이해될 수 있는 것이다.

이제 이런 논의를 토대로 여러 실존의 양상들에 절망의 어떤 형태가 대응하는가를 살펴보기로 하자. 종교적 실존을 제외한 모든 실존은 자기의 구성 계기 사이의 균형을 이루지 못하고 있다. 이것은 심미적 실존과 윤리적 실존이 절망에 빠져 있다는 것을 말한다. 그렇다면, 심미적 실존과 윤리적 실존은 어떤 절망에 빠져 있는가?

직접적 심미주의와 반성적 심미주의는 둘 다 연약함의 절망이다. 직접적 심미주의는 현실성에 지배된다. 이 단계에서 자기는 기본적으로 감성적 성향에 의해서 지배되거나 자신의 자연적, 사회적 환경에 실려 다닌다. 자기는 자신의 가능성을 모르거나 가능성을 현실화하고

자 하는 결단의 자유를 모른다. 이와는 반대로 반성적 심미주의에서 자기는 자신의 가능성에 대한 무한한 반성에 전념한다. 자기는 가능성을 제한하는 자신의 현실성을 한사코 외면한다.

이처럼 직접적 심미주의는 가능성을 모르고, 반성적 심미주의는 현실성을 외면한다. 직접적이든 반성적이든 심미주의자는 현실성과 가능성을 관계시키는 관계자, 즉 자기이기를 원하지 않는다. 심미주의자는 자기의 자유를 간과하거나 무시한다. 키르케고르는 심미주의자에게서 볼 수 있는 자기의 이런 불균형을 절망이라고 부른다. 이런 절망은 자기이기를 원하지 않는 연약함의 형태를 띤다.

윤리적 실존을 영위하는 윤리주의자는 결단할 줄은 알지만, 하느님에 대한 자기의 존재론적 의존을 인정하지 않는다. 다시 말해서 윤리주의자는 자신을 타자에 의해서 구성된 존재로 보지 않으며, 자신을 스스로 구성하고자 하는 것이다.

> 이 자기는 자신의 주인이며, 이른바 절대적으로 자신의 주인이다. 그런데 바로 이것이 절망이지만, 또한 자기가 자신의 쾌락과 기쁨이라고 생각하는 것이다. 그러나 좀 더 자세히 관찰하면, 이 절대적인 지배자는 나라가 없는 왕이며, 실제로 아무것도 통치하지 않는 왕이다.

윤리주의자가 이처럼 사상누각이나 다름없는 자기에 강하게 집착하는 것은 절망하여 자기 자신이기를 원하는 것이며, 절망하여 자기 자신이기를 원하는 것은 타자에 의해서 구성된 관계의 관점에서 보면 진정한 의미에서 자기 자신이기를 원하지 않는 것이다. 요컨대 그것은 반항의 형태를 띠는 절망이다.

7. 구원의 가능성

절망은 결국 사람의 연약함에서 기인한다. 그러나 사람은 연약함에 머물러 있고자 애를 쓴다. 연약함을 벗어나는 것은 엄청난 용기를 필요로 한다. 마치 등에 화살을 맞고서도 화살을 뽑을 용기가 없어 화살을 등에 꽂고 사는 사람처럼, 연약한 사람들은 자신의 연약함을 뽑아내지 못한다. 연약함에 매여 있는 것이 바로 절망이다. 매임이 강하면 강할수록, 절망도 깊어진다. 키르케고르는 이렇게 깊어진 절망을 강화된 절망이라고 부른다. 죄는 곧 강화된 절망의 다른 이름이다.

죄는 이것이다. 즉 하느님 앞에서, 혹은 하느님에 대한 생각으로, 절망에 빠져서 자기 자신이기를 원하지 않는 것, 혹은 절망에 빠져서 자기 자신이기를 원하는 것이다. 따라서 죄는 강화된 연약함 혹은 강화된 반항이며, 죄는 절망의 강화이다.[19]

그러나 절망이 강화될수록, 즉 죄가 깊어질수록 역설적으로 구원의 가능성도 높아진다. 왜냐하면 절망이 강화될수록 결단의 중요성에

---

[19] 『죽음에 이르는 병』, 69쪽.

대한 자기의 이해도 깊어지기 때문이다. 앞에서 보았듯이 심미적 실존에서는 참다운 결단이 없다. 심미적 실존에는 점선처럼 이어지는 순간의 향락만이 있을 뿐이다. 그러나 윤리적 실존은 결단을 안다. 순간적 향락에 절어서 영원을 전혀 알지 못하는 심미적 실존과는 달리, 윤리적 실존은 자기의 영원한 정체성을 정립하고자 인간적인 결단을 감행한다. 그러나 그것은 실패할 수밖에 없는 환상에 지나지 않는다. 키르케고르는 자기는 결코 영원한 존재, 즉 절대적 타자로서의 신이 될 수 없다고 강조한다. 키르케고르가 윤리적 실존의 파산을 선고하는 간접적인 방법으로 자신의 독자들에게 전달하고자 하는 이러한 메시지에는 역설적으로 구원의 가능성이 담겨 있다. 자기는 결코 절대적 타자로서의 신이 될 수 없다는 깨달음을 통해서 비로소 자기는 신에 대한 자기의 관계를 올바로 이해하고 참다운 결단의 의미를 포착하게 된다.

자기는 절망, 즉 현실적 죄의 이런 긍정적 측면에 주목할 필요가 있다. 자기는 결국 자신이 죄인이라는 것을 깨달으면서 이제까지 자기를 바라보던 인간본위적인 시선을 돌려 영원한 존재와 영원한 행복을 바라볼 수 있다. 요컨대, 자기는 신과 자기 자신의 관계를 타락시켰다는 것을 인정하게 된다. 자기는 스스로 존재하는 자가 아니라 피조물이며, 그것도 죄를 지은 피조물이라는 것을 인정하게 되는 것이다. 자기는 수많은 철학자들처럼 관념적으로만, 또는 추상적으로만 창조자에 대한 자신의 존재론적 의존을 인정해서는 안된다. 자기는 영원한 행복을 올바로 응시함으로써 자신의 고통을 지양해야만 하는 것이다.

그런데 영원한 행복으로 가는 길은 지난하기 이를 데 없다. 그 길에서 자기는 신이 인간의 몸으로 이 세상에 오셨다는 역설과 마주치지 않을 수 없기 때문이다.[20] "하느님과 사람은 무한한 질적 차이에 의해서 분리되어 있는 두 성질들이다."[21] 그러나 "그리스도교에서는 하느님이 스스로를 인간(하느님-사람)으로 만들었다."[22] 많은 사람들이 키르케고르가 역설이라고 부른 바로 이 걸림돌에 걸려 넘어졌다.

키르케고르는 인간의 죄를 용서하기 위해서 인간의 몸으로 이 세상에 오신 구원자 그리스도에 대한 독실한 믿음만이 걸림돌에 걸려 넘어져 죽음의 악순환을 반복하는 불행을 막을 수 있다고 생각했다. "그리스도는, 그대도 알다시피, '나에게 걸려 넘어지지 않는 자는 복이 있도다'라고 말하는 것이다."[23] 이 말에는 죄인으로서의 자기가 걸림돌에 걸려 넘어지지 않고 죽음에서 벗어나 구원받기를 간절히 바라는 키르케고르의 소망이 담겨 있다.

---

[20] 그리스도교의 역설을 다룬 키에르케고르의 작품에는 『철학적 조각들』, 『후서』 등이 있다.
[21] 『죽음에 이르는 병』, 108쪽.
[22] 『죽음에 이르는 병』, 108쪽.
[23] 『죽음에 이르는 병』, 108쪽.

쇼펜하우어, 『의지와 표상으로서의 세계』
— 인생은 욕망과 권태 사이에서 오락가락하는 시계추와 같다

박찬국

박찬국은
독일 뷔르츠부르크 대학에서 철학박사 학위를 받았다. 지금은 서울대학교 철학과 교수로 재직하고 있다. 『하이데거는 나치였는가』, 『들길의 사상가, 하이데거』, 『원효와 하이데거의 비교연구』, 『내재적 목적론』, 『니체와 불교』 등의 저서가 있으며 『아침놀』, 『정신에 대하여』, 『비극의 탄생』, 『니체 I, II』 등을 번역했다.
ckpark@snu.ac.kr

1. 쇼펜하우어의 대표작 『의지와 표상(表象)으로서의 세계』

쇼펜하우어의 『의지와 표상(表象)으로서의 세계 Die Welt als Wille und Vorstellung』(1819)는 쇼펜하우어가 26세부터 30세까지 4년여의 세월에 걸쳐서 쓴 책이다. 쇼펜하우어는 이 책에 대해서 "낡은 모든 관념의 단순한 재생이 아니라 독창적인 사상으로서, 지극히 성공적이며 시종일관된 체계로, 명석하고 이해하기 쉬우며, 또 매우 아름답다"고 자평하였다. 그러나 이 책은 거의 주목을 받지 못했으며 출판된 지 16년이 지난 뒤 책의 대부분이 휴지 값으로 팔렸다. 그러나 쇼펜하우어가 『여록(余錄)과 보유(補遺) Parerga und Paralipomena』(1851)를 통해 말년에 유명해지면서 이 책도 큰 주목을 받게 되었다. 이 책은 쇼펜하우어가 매우 젊은 나이에 쓴 책임에도 불구하고 쇼펜하우어의 대표작이라고 할 수 있는 책이며 쇼펜하우어가 그 후로 개진하는 모든 사상을 이미 다 담고 있는 책이다.

이 책에서 쇼펜하우어는 이른 바 '의지의 형이상학'을 개진하고 있다고 할 수 있다. 쇼펜하우어가 말하는 의지는 이성적인 의지가 아니라 맹목적이고 만족을 알지 못한 채 끊임없이 갈망하는 맹목적인 의지다. 쇼펜하우어는 이러한 의지가 우주의 본체라고 보았고 모든 개별자는 이러한 의지가 나타난 것이라고 보았다. 쇼펜하우어는 이러한 의지 개념을 중심적인 실마리로 하여 인간의 삶과 세계의 본질을 규명하면서 염세주의적인 세계관을 전개하는 한편 이러한 의지의 횡포로부터 벗어나 궁극적인 평안을 얻을 수 있는 방법을 모색하고 있다.

이 글은 의지 개념을 중심으로 쇼펜하우어의 『의지와 표상으로서의 세계』의 핵심 사상을 해설하려고 한다.

2. 서양철학사에서 쇼펜하우어의 의지 사상이 갖는 의의

주지하듯이 쇼펜하우어는 우리의 의식적인 사고가 우리가 의식하지 못하는 무의식적인 의지 내지 욕망의 지배를 받는다고 보면서 이러한 견해에 입각하여 인간 삶의 다양한 현상들을 고찰한 점에서 프로이트의 선구자로 간주된다.

플라톤에서 헤겔에 이어지는 서양의 고전적 철학전통에서는 인간을 이성적 동물로 보면서 인간의 본질을 구성하는 이성적 능력의 가장 핵심적인 부분을 의식적인 사고능력에서 찾았다. 그러나 쇼펜하우어에 따르면 우리의 의식적 사고는 자신이 이른 바 객관적이고 보편적인 진리를 지향한다고 생각하지만 사실 그것의 근저에는 우리 개인의 이익을 관철하려는 이기주의적인 의지나 종족보존에의 의지가 작용하고 있다.

이러한 의지는 인간에게 원초적으로 주어져 있는 것으로서 지성의 지배를 받지 않는다는 점에서 맹목적인 것이다. 오히려 그것은 지성에게 무엇을 알아낼 것인지를 지시한다. 자신의 지배영역을 어떻게든 유지하고 확장하면서 생존하려고 하고 종족을 보존하려고 하는 의지가 위험이나 곤궁에 처했을 때 우리의 지성은 활발하게 돌아가며, 이 경우 지성은 의지가 자신이 부딪힌 난관을 타개하기 위해서 이용하는 도구로서 기능하고 있는 것이다. 이런 맥락에서 쇼펜하우어는 우리가 어떤 상대방을 설득하려면 그 사람의 이른 바 보편적인 이성이 아니라 그 사람의 이익이나 욕망, 의지에 호소해야 한다고 말하고 있다. 이성적인 논변이라는 것도 대부분의 경우 사람들이 자신의 이익을 정당화하기 위해서 사용하는 도구에 지나지 않는 것이며, 가장 어리석은 사람이라도 자신의 이익이 걸린 문제에 대해서는 자신의 지성을 예리하게 발동하게 된다는 것이다.

그런데 프로이트가 주로 인간심리를 분석하는 데 몰두했던 심리학자였다면, 쇼펜하우어는 의지라는 개념으로 인간 삶뿐 아니라 세계의 모든 현상을 파악하고자 했던 형이상학자였다는 점에서 두 사람 간에는 본질적인 차이가 존재한다고 해야 할 것이다. 즉 쇼펜하우어는 의지를 우리의 의식적인 사고의 근거라고 보는 것을 넘어서 인간뿐 아니라 모든 경험적인 현상세계의 근저에 놓여 있는 물자체라고 보고 있는 것이며 현상세계의 모든 현상들은 이러한 물자체로서의 직접적 혹은 간접적 표현이라는 것이다. 물론 나중에 보겠지만 쇼펜하우어는 물자체로서의 의지를 우리가 내적으로 경험하는 의지나 욕망과는 분명히 구별하고 있다. 그럼에도 쇼펜하우어는 이러한 의지의 본질을 우리가 내적으로 경험하는 의지와 유사한 것으로 보고 있으며 그것의 본질을 이러한 경험적인 의지로부터 유추하고 있다.

쇼펜하우어는 우리의 경험적인 의지의 본질을 자기보존과 종족보존을 향한 맹목적인 의지로 규정하고 있다. 그리고 물자체로서의 의지의 본질도 이에 입각하여 생에의 맹목적인 의지(Wille zum Leben)라고 규정하고 있다.

쇼펜하우어에게 의지는 인간 뿐 아니라 세계의 모든 현상을 설명하는 핵심적인 개념이다. 쇼펜하우어에게 의지는 인간학적인 개념일 뿐 아니라 형이상학적인 개념인 것이다.

3. 쇼펜하우어의 형이상학적 의지관

(1) 남녀 간의 사랑의 본질로서의 종족보존에의 의지

쇼펜하우어의 형이상학적 의지관은 『의지와 표상으로서의 세계』 제2권 44장 「연애의 형이상학」(Metaphysik der Geschlechtsliebe)에서 가장 이해하기 쉽고 가장 설득력 있게 제시되고 있다고 생각되기 때문에 우선 남녀 간의 사랑에 대한 쇼펜하우어의 견해를 실마리로 하여 그의 의지관을 살펴보고자 한다.

남녀 간의 사랑을 보는 쇼펜하우어의 근본시각은 남녀 간의 사랑이란 결국 서로의 육체에 대한 성적인 욕망의 표현이고 이러한 성욕이란 본질적으로는 종족보존에의 의지라는 것이다. 남녀가 서로 사랑할 때 의식적인 차원에서 이루어지는 상대방의 아름다움에 대한 찬탄, 상대방에 대한 배려 등 이 모든 것이 이성적인 주체의 의식적인 고려에 의한 것 같지만 사실은 그 근저에서는 종족 번식에 대한 본능적인 욕구가 작용하고 있다는 것이다. 따라서 사랑에 빠진 두 남녀는 미처 깨닫지 못하고 있을지 모르지만 사실 그러한 사랑은 자신들의 2세를 낳는다는 것을 유일한 목적으로 하고 있으며 그 모든 과정에서 일어나는 것들은 그러한 목적을 실현하기 위한 수단에 불과하다. 누구나 아름답고 건강한 이성을 찾는 것은 그러한 이성이 자신보다 더 건강하고 재능 있는 2세를 낳아줄 것이라고 생각하기 때문이며, 사람들은 자신에게 결여되어 있는 점을 소유하고 있는 상대방에게 반하고 그 상대방을 아름답게 보는 것도 자신의 2세는 자신이 갖는 결함을 갖지 않게 하기 위해서다.

쇼펜하우어는 남성이 여성을 아름답게 보는 것도 사실은 여성의 육체를 갖고 싶어 하는 성욕의 작용이라고 보고 있다. 쇼펜하우어는 이러한 성욕의 본질은 결국 종족보존에의 욕구라고 보고 있는 바, 이러한 종족보존에의 욕구가 남성으로 하여금 여성을 아름답게 보도록 현혹함으로써 여성과 결혼하도록 몰아대고 그 여성과 2세를 위해서 헌신하게 한다는 것이다.

아울러 종족보존에의 의지는 상대 이성뿐 아니라 부모로 하여금 자신의 2세를 세상에서 가장 귀중한 존재로 보이게 함으로써 2세의 생존을 위해서 모든 희생과 헌신을 다 하게 만든다. 고슴도치에게도 자기 자식은 예쁘게 보인다는 말이 있듯이 부모의 눈에 자기 자식은 자기 자신보다도 더 소중한 존재로 보이고 자신이 온갖 희생을 다 바쳐도 아깝지 않은 고귀한 존재로 보이는 것이다.

그런데 종족보존에의 의지는 왜 이렇게 상대 이성이나 자식을 객관적으로 보지 못하게 하고 그것들에 대해서 환상을 갖게 만드는가? 이는 일차적으로 현상계에서는 모든 존재자들이 개체로서 존재하고 이러한 개체들에게는 자기 자신의 보존이 가장 중요한 관심사이기 때문이다. 일차적으로 모든 개체들은 이기적인 존재이기에 이러한 이기심을 넘어서 종족의 유지에 헌신하게 하기 위해서는 자연은 상대 이성이나 제2세에 대한 환상을 심어줄 필요가 있는 것이다.

개체는 이러한 환상에 속아 넘어가 사실은 종족에게만 이로울 뿐 자신에게는 온갖 노역만을 강요하는 일을 자신의 행복으로 착각하면서 자신의 욕구를 위해 애쓰고 있다고 생각하게 된다. 그러나 사실 개체는 종족의 노예로 존재하는 것이다. 사람들은 흔히 동물은 본능에 따라서 살고 인간은 본능을 넘어섰다고 생각하지만 인간에게도 종족보존의 본능은 동물 못지않게 강력한 것이다. 이러한 본능은 언뜻 보면 개체의 의도에 따르는 것 같지만 실은 본능과 개체의 의도 사이에는 아무런 관계가 없는 것이다. 따라서 성욕이 만족을 느낄 때 개인은 자신의 욕망을 채웠다고 생각하지만 실은 종족이 득을 보고 있는 것이다.

이러한 사실은 인간에 대해서 타당할 뿐 아니라 동물에 대해서는 더욱 더 타당하다. 동물들도 종족보존에의 의지가 조성하는 환각에 사로잡혀서 자신이 향락하고 있다고 착각하면서 사실은 자신을 희생함으로써 결국 종족만을 이롭게 하고 있고 그와 아울러 종족보존에의 의지만이 자신을 관철하게 하는 것이다. 새가 둥지를 짓는 것이나 꿀벌이나 개미가 식량을 모으는 것도 모두 후세를 위한 것이다.

그런데 쇼펜하우어는 우리가 경험할 수 있는 이러한 종족보존에의 의지의 근저에는 결국은 물자체로서의 우주적인 의지가 존재한다고 보고 있다. 이러한 물자체로서의 의지의 본질을 쇼펜하우어는 생에의 맹목적인 의지로 보고 있으며 이러한 생에의 맹목적인 의지는 현상계에 자신을 표현하고 싶어 하는 의지로 나타난다고 보고 있다. 그리고 그것은 모든 생명체에서 종족보존에의 의지로 나타나면서 각 개체들로 하여금 끊임없이 자신의 짝을 찾아서 성관계를 맺도록 몰아대면서 개체들을 번식시키게 하는 방식으로 자신을 표현한다.

(2) 물자체로서의 근원적인 의지

물론 쇼펜하우어가 말하는 우주적 의지는 물론 우리가 직접적으로 경험할 수 있는 것은 아니며 어디까지나 사변적인 추론에 의해서 도달할 수 있는 것이다. 그러나 이러한 우주적인 의지야말로 진정한 실체이며 자기보존에의 의지나 종족보존에의 의지 그리고 개체들의 신체나 지성 등은 모두 이러한 진정한 실체로서의 우주적 의지가 자신을 직접적·간접적으로 표현한 것들에 지나지 않는다.

이 점에서 쇼펜하우어는 이러한 우주적 의지를 칸트의 용어를 빌려서 물자체라고 부르고 있으며 자기보존에의 의지나 종족보존에의 의지 그리고 개체들의 신체나 지성 등 우리가 내적으로 혹은 외적으로 경험할 수 있는 모든 것들은 현상계에 속한다고 본다. 그리고 쇼펜하우어는 현상계에서도 물자체에 보다 가까운 것과 보다 먼 것을 구별하고 있다. 물자체로서의 우주적인 의지가 영원불변하다면, 현상계의 모든 것들은 시간의 지배를 받기 때문에 모든 것들은 생성 소멸한다. 현상계의 어떠한 개체들도 유한한 시간을 사는 것에 지나지 않으며 이러한 개체들에 비하면 종족은 훨씬 오래 존속한다. 따라서 쇼펜하우어는 종족은 물자체에 보다 가깝고 물자체의 직접적인 표현에 해당한다고 보고 있으며 개체는 종족에 비해서 물자체에 보다 멀리 떨어져 있고 물자체의 간접적인 표현이라고 보고 있다.

이를 의지의 차원에서 보면 종족보존에의 의지는 물자체로서의 의지의 직접적 표현이고 개체가 갖는 자기보존에의 의지는 물자체로서의 의지의 간접적 표현이라고 볼 수 있을 것이다. 또한 우리의 욕망들과 감정들 그리고 사고들 사이에서도 위와 같은 위계가 성립한다고 볼 수 있다. 종족보존에의 의지로서의 성욕이 물자체로서의 의지의 직접적 표현이라면 내가 상대방을 아름답다고 느끼는 감정이나 그 상대방을 어떻게 하면 내 것으로 할 수 있는지에 대해서 생각하는 것 등은 물자체로서의 의지의 간접적인 표현이다.

쇼펜하우어의 이러한 철학은 기본적으로는 현상계와 물자체를 구별하고 있는 칸트의 철학을 토대로 하고 있다. 칸트는 우리에게 사물들이 주어질 때 공간과 시간이라는 직관 형식 아래에서 주어진다고 보았다. 따라서 모든 사물들은 어떤 특정한 공간적인 위치와 크기를 가지고 나타나며 어떤 시점에서 나타났다가 사라진다. 사람들은 사물 자체가 그렇게 공간적인 성격과 시간적인 성격을 가지고 나타난다고 보지만 칸트는 그러한 공간과 시간은 우리가 사물들을 직관하는 형식이라고 보는 것이다. 만약 천사와 같은 존재가 있다면 그것은 우리와는 전혀 다르게 사물을 직관할 것이라는 것이다. 따라서 칸트는 우리가 지각하는 세계는 실재 자체가 아니라 그러한 실재 자체가 공간과 시간이라는 형식 아래에서 나타난 현상계에 지나지 않는다고 본다. 아울러 우리는 이렇게 공간과 시간이라는 형식 아래에서 나타나는 감각자료들을 인과율과 같은 지성의 사유형식을 통해서 종합한다. 따라서 공간과 시간에서 나타나는 모든 것들은 인과율의 지배를 받으며 항상 어떤 원인에 의해서 나타난다.

칸트는 이러한 현상계 이면의 실재 자체를 물자체라고 불렀으며 그것에 대해서 우리의 지성은 파악할 수 없다고 보았다. 이에 대해서 쇼펜하우어는 이러한 물자체에 대해서 과감하게 사변을 전개하여 그것을 의지라고 규정하고 있다. 물론 물자체로서의 이러한 의지는 우리가 개별자로서 현상계에서 경험하는 의지와는 본질적으로 다른 것이다. 우리가 개별자로서 우리 내면에서 경험하는 의지는 이러한 물자체로서의 의지가 시간이라는 형식 아래에서 나타난 것이다.

시간과 공간이라는 형식에서 나타나는 것은 모두 개별자로서 나타난다. 이는 시간과 공간이 개별화의 원리이기 때문이다. 각각의 개체는 항상 서로 다른 시간에 존재하거나 서로 다른 공간에 존재한다. 이에 대해서 물자체로서의 의지는 이러한 개별화 형식의 지배에서 벗어나 있기 때문에 유일한 일자로서 존재한다. 또한 이러한 물자체로서의 의지는 현상계를 규정하는 근거율의 지배로부터도 벗어나 있는 것이며 아무런 근거 없이 작용하는 것이다.[1] 쇼펜하우어는 그것은 근거율의 지배에서 벗어나 있다는 의미에서 자유롭다고 말하고 있다. 이 경우 자유롭다는 것은 다른 어떤 것의 지배도 영향도 받지 않는다는 것을 의미한다.

그런데 쇼펜하우어는 어떻게 해서 물자체가 의지와 같은 것이라는 결론에 도달하게 되었을까? 쇼펜하우어는 우리가 우리의 경험적인 의지와 그것의 표현인 신체적인 움직임 사이의 관계에 유추하여 물자체의 본질과 현상세계 사이의 관계를 파악할 수 있다고 보았다.

쇼펜하우어에 따르면 우리는 자신의 감정이나 열망, 의욕 등을 자신의 내면에서 직접 느끼면서 그것을 '자신의' 감정이나 열망, 의욕으로 경험한다. 그리고 이러한 것들은 육체를 통해서 표현하게 된다. 이 경우 육체는 자연적인 사물로서 필연적인 자연법칙에 내맡겨져 있는 것이 나타나는 것이 아니라 우리 자신의 의지가 직접적으로 표현된 것이 된다.

따라서 우리가 육체를 이해하는 두 가지 방식이 존재할 수 있게 된다. 첫째로 우리는 육체를 객관적인 다른 사물들과 마찬가지로 외부에서 그것을 표상하는 것이다. 이 경우 육체는 다른 객관적인 사물들과

존재한다고 본다. 생성의 근거란 우리가 지각하는 변화하는 세계에서 어떤 생성의 원인이 되는 것을 가리키며 생성의 근거율이란 생성하는 모든 것에는 그것에 선행하는 원인이 있다는 것을 의미한다. 인식의 근거율은 어떤 판단이 객관적인 인식이 되기 위해서 충분한 근거를 가져야 한다는 것을 가리킨다. 존재의 근거는 수학적 인식에서 어떤 대상이 그와 같이 존재하는 근거를 가리킨다. 예를 들어 정삼각형의 세 변의 길이가 동일한 근거는 세 각이 동일하기 때문이다. 수학적 인식의 대상은 생성하지 않고 불변적인 것이기 때문에 수학적 인식에서 문제되는 근거를 쇼펜하우어는 존재의 근거라고 부르고 있다. 행위의 근거율은 인간의 모든 행위는 어떤 동기를 원인으로 갖는다는 것을 의미한다. 쇼펜하우어는 시간과 공간상에서 일어나는 모든 것들, 즉 모든 현상들은 이러한 네 가지 근거율에 의해서 규정된다고 말하고 있다.

마찬가지로 자연적인 인과법칙에 따르는 것으로 나타난다. 그것은 외부에서 충격이 가해지면 부서질 수 있고 시간이 가면서 노화한다. 둘째로 우리는 육체를 인간 의지의 표현으로 이해할 수 있다. 우리의 갈망이나 소망 그리고 감정은 육체에 직접적으로 나타난다. 예를 들어 내가 분노하면 아드레날린이 증가하고 이마에 핏줄이 굵어진다. 또한 육체는 우리의 감정이나 욕망에 직접적으로 작용한다. 맛있는 음식을 먹으면 기분이 좋아지고 성욕이 충족되면 기분이 풀린다.

  육체가 이렇게 이중적인 의미를 가질 수 있는 것은 인간이 이중적인 방식으로 존재할 수 있기 때문이다. 즉 인간이 자신을 사물들을 객관적으로 표상하는 주체로만 파악한다면 그는 자신의 육체도 단지 객체로서만 표상할 수 있는 것이며 어떠한 육체적 움직임도 자신의 주체적인 활동으로 경험하지 못할 것이다. 이 경우 우리는 자신의 고유한 정서들, 갈망, 감정들과 능력들에 대해서조차도 객관적인 태도를 취하면서 그것들의 작용법칙을 냉정하게 표상할 것이다. 그러나 이와 반대로 인간은 자신을 감정과 의지의 주체인 개별자로 이해하면서 자신이 자신의 육체를 매개로 세계 전체와 관계하고 있음을 감지할 수 있다. 인간은 객관적인 표상작용을 넘어서 자신의 의지 작용을 내면에서 직접적으로 체험할 수 있는 것이다. 그리고 이 경우 육체는 우리 자신의 의지작용의 표현으로 경험된다. 특히 우리는 신체적인 고통의 느낌에서 신체와 의지가 직접적으로 통일되어 있다는 것을 경험한다. 신체와 의지 사이의 이러한 관계는 원인과 결과 사이의 관계가 아니라 의지가 신체로 자신을 표현하고 객관화하는 단순하고 직접적인 통일의 관계이다. 의지와 신체 사이에 성립하는 이러한 직접적인 통일성을 강조하기 위해서 쇼펜하우어는 심지어 '나의 신체와 나의 의지는 하나다'라고까지 말하고 있다.

이런 의미에서 우리는 쇼펜하우어는 정신과 물질이라는 전통적인 구분 대신에 의지와 지성의 구분을 내세운다고 할 수 있다. 신체가 지성의 파악대상으로 나타날 때는 그것은 자연법칙을 따르는 물리적인 것으로 나타난다. 이에 대해서 그것이 의지의 직접적인 표현으로 나타날 때는 그것은 물리적인 것 이상의 의미를 지니는 것이다.

그런데 쇼펜하우어는 우리가 만약 이렇게 자신의 육체를 객관적인 인식의 대상으로 볼 수도 있고 의지의 표현이라고도 볼 수 있다면 현상세계 전체도 동일하게 파악할 수 있다고 본다. 현상세계는 객관적인 인식의 객체로 파악될 수 있다면 다른 한편으로 그것의 근저에 존재하는 물자체로서의 의지의 표현으로서도 파악될 수도 있다는 것이다.

물론 쇼펜하우어는 물자체로서의 의지가 우리가 직접적으로 경험하는 의지와 동일하다고 보지는 않는다. 물자체로서의 의지란 어디까지나 유비적인 표현에 지나지 않는다. 우리가 직접적으로 경험하는 의지는 사실은 시간이란 형식 속에서 나타나기 때문에 어디까지나 현상계에 속하는 것이며 우리는 우리 자신의 의지를 전체로서 파악하지 못하고 시간적으로 잇달아 일어나는 의지의 개별적인 작용들만을 파악할 수 있을 뿐이다. 이에 반해서 물자체로서의 의지 자체는 시간이나 공간속에 나타나지 않는 것이며 개별화의 원리인 시간과 공간에서 벗어나 있기 때문에 일자로서 존재하며 영원하고 항상 현재 속에 존재한다.

따라서 이러한 물자체는 우리가 우리 내면에서 경험하는 의지와는 본질적으로 다른 것이지만, 우리는 우리에게 가장 확실한 것으로 나타나는 우리의 신체와 우리의 의지 사이의 관계에 유추하여 현상세계 전체와 그것의 근원 사이의 관계를 추론할 수밖에 없다. 그리고 육체가 우리의 의지의 표현인 이상, 우리는 현상세계 전체의 근원에 해당하는 것도 의지적인 성격을 갖는 것으로 보아야 한다.

쇼펜하우어에 따르면 물자체로서의 의지는 다양한 의지로 나타나고 이러한 의지가 다시 육체로 자신을 표현한다. 예를 들어서 걸으려는 의지가 다리를 형성하고 움켜쥐려는 의지가 손을 형성하며 먹으려는 의지가 치아와 소화기관을 발달시키고 종족을 유지하려는 의지가 생식기를 형성하며 인식하려는 의지가 뇌를 형성한다. 의지가 이렇게 우리의 육체로 자신을 객관화하는 것과 마찬가지로 인간 이하의 자연에서도 의지는 자신을 객관화한다. 식물에게서 성장하는 힘과 번식하는 힘도 모두 의지의 표현이며, 자석이 북극을 가리키게 하는 힘이나 중력도 나타나는 방식만 다를 뿐 그것의 궁극적인 본질은 의지다.

따라서 우리는 하나의 우주적인 의지가 종족과 각 개체들의 의지로 분화하는 방식으로 자신을 실현한다고 말할 수 있다. 그것은 우리가 위에서 본 것처럼 각 개체에서 어떻게든 생존하려고 발버둥치는 자기보존에의 의지뿐 아니라 자식을 낳고 보호하려는 종족보존의지로 나타나며 이러한 의지들을 통해서 자신을 유지하고 실현해 나가는 것이다.

인간의 경우에는 의지의 작용에서 의식적인 지성이 동원되기 때문에 흡사 이러한 생존과 생식에의 노력이 자신의 의식적인 결단에 의한 것처럼 보인다. 다시 말해서 우리가 경험적인 차원에서 의지의 작용을 식별할 수 있을 때는 언제나 의식이 작용하고 있기 때문에 우리는 의식 없이는 의지가 있을 수 없다고 생각하며 의식적인 지성이 이러한 의지의 작용을 인도한다고 생각한다. 그러나 우리가 위에서 살펴본 것처럼 사실은 그러한 의식적인 지성도 결국은 생존과 종족보존에의 의지에 의해서 이용되는 도구에 불과하다. 따라서 우리의 의지작용이 의식적인 지성을 통해서 인도된다고 보는 것은 사실은 본말(本末)을 전도하는 것이다.

(3) 인간 행위의 원인으로서의 동기와 자유의 부정

물자체로서의 의지와 우리가 우리 내면에서 경험하는 의지를 구별하면서 쇼펜하우어는 또한, 물자체로서의 의지는 현상계를 지배하는 근거율의 지배를 받지 않기 때문에 아무런 원인 없이 존재하고 작용하는 반면에 우리가 경험하는 의지는 그러한 물자체로서의 의지가 나의 마음에 드러난 것이지만 항상 어떤 원인에 의해서 존재하고 작용한다는 사실을 강조하고 있다.

쇼펜하우어는 현상계의 모든 것들은 인과관계의 지배를 받는다고 보면서 원인을 좁은 의미의 원인, 자극, 동기로 구별하고 있다. 좁은 의미의 원인은 무기물계를 지배하는 것으로서 이 경우 작용과 반작용은 서로 동일하며 결과의 정도가 원인의 정도에 의해서 측정될 수 있으며 그 역도 성립한다. 자극은 식물계와 동물의 식물적 부분의 변화를 지배하는 것으로서 여기서는 작용과 반작용이 서로 다르며 따라서 원인의 강도에 결과의 강도가 반드시 따르는 것은 아니다. 이에 대해서 동기는 인간의 행동의 원인이다. 우리가 행동할 때 우리는 어떤 대상에 대한 표상 내지 인식에 입각하여 행동한다. 예를 들어서 우리가 배가 고파서 음식을 먹을 때 우리는 그 음식이 우리의 허기를 채워주는 것이라는 사실을 인식한다. 이 경우 우리의 허기를 채워주는 것으로 표상되는 음식은 먹는다는 행위의 동기가 되는 것이다.

　동기의 매체는 이와 같이 표상 내지 인식이므로 자연히 지성이 요구된다. 인식, 즉 표상이 없어지면 동기에 의한 운동도 역시 사라지며 그때에는 자극에 의한 운동, 즉 식물적 생활만이 남게 된다. 자극에 따르는 작용은 즉각적이지 않은 반면에 동기에 따르는 작용은 즉각적으로 이루어진다. 동기의 작용은 자극의 작용과는 달라서 동기가 인식되기만 하면 되므로 동기가 되는 것이 지속적으로 존재하거나 근접해 있는 것일 필요는 없으며 우리가 지각할 수 있는 것일 필요도 없다. 예를 들어서 우리는 미래의 성공을 위해서 열심히 공부할 수 있으며, 어떤 종교적인 신조나 정치적인 이념 때문에 어떤 행동을 할 수 있는 것이다. 그러나 아무리 동기가 고상하게 보이더라도 직접적으로든 간접적으로든 자기보존이나 종족보존에 기여하는 것만이 동기가 될 수 있다. 자신의 행위의 동기를 이러한 것에 기여하는 것이 아닌 보다 고상한 목표에 기여하는 것으로 보는 것은 모두 착각에 지나지 않는다.

　그런데 쇼펜하우어는 어떤 하나의 동기로 인해서 사람들이 모두 동일하게 행동하는 것은 아니라는 사실을 인정하고 있다. 예를 들어 굶주렸을 때 어떤 사람은 먹을 것을 보고 훔칠 수도 있지만 다른 사람은 구걸에 나설 수 있다. 쇼펜하우어는 이는 사람마다 각기 다른 성격을 갖기 때문이라고 본다. 그리고 쇼펜하우어에 따르면 이러한 성격은 우리가 타고나는 것이며 물자체로서의 의지의 표현이다. 즉 성격도 지성에 의해서가 아니라 물자체로서의 의지에 의해 형성되었기 때문에 지성은 성격에 대해서 무력하며 많은 사람들은 일생 동안 동일한 성격 아래 사유하고 행동한다. 따라서 나의 욕망의 본질은 어떤 동기에 의해서 모두 설명될 수는 없으며 사람마다 다른 성격의 영향을 받는다. 동기는 다만 주어진 시점에서 나타나는 욕망의 대상에 대한 표상에 지나지 않으며 이러한 동기에 성격이 함께 작용하면서 사람들의 행동방식이 결정되는 것이다. 따라서 쇼펜하우어에 따르면 우리가 어떤 사람의 성격과 동기를 정확히 알면 그 사람이 어떤 상황에서 어떻게 행동할지를 정확하게 예견할 수 있다고 본다. 즉 쇼펜하우어는 우리가 우리의 타고난 성격의 지배를 받지 않고 순전히 우리의 이성적인 결단에 의해서만 자유롭게 행동할 수 있다는 사실을 부정한다.

(4) 고통으로서의 삶과 세계

그런데 물자체로서의 의지의 욕망은 무한하며 이것은 현상계에서 각 개체들에게 무한한 욕망으로 나타난다. 이는 물자체로서의 의지는 분해불가능한 일자인 바, 각 개체들에게 나타날 때도 조금씩 나눠져서 나타나는 것이 아니라 전체로서 나타나기 때문이다. 따라서 각 개체들의 욕망도 물자체로서의 욕망과 마찬가지로 한정이 없다. 쇼펜하우어는 이렇게 욕망이 끝이 없다는 사실은 인간에게서 뿐 아니라 모든 자연현상들에서도 볼 수 있다고 말하고 있다. 중력은 끊임없이 아래로 끌어당기려 하며, 고체는 자신의 화학적 힘의 해방을 위해서 용해되거나 분해되어 액체로 되려고 한다. 그리고 액체는 끊임없이 기체가 되려고 한다. 전기는 자신의 내적 분열을 무한히 전파하려고 한다. 식물

역시 씨앗에서 시작하여 보다 높은 형태를 통과하면서 다시 씨앗이 될 때까지 쉬지 않고 애쓰며 이를 무한히 반복한다.

그런데 욕망은 결국 결핍감에서 비롯되는 것이기 때문에 욕망이 한이 없다는 것은 결핍감이 한이 없다는 것을 의미한다. 따라서 모든 개체들을 한없는 결핍감에 시달리며 그러한 결핍감을 극복하기 위해서 끊임없이 노력할 수밖에 없게 된다. 따라서 개체들의 삶이란 한없는 결핍감과 무한한 노고의 연속이다.

더 나아가 개체들은 자신들의 욕망을 충족시키기 위해서 서로 투쟁한다. 개체들은 자신들이 자신의 신체를 자유롭게 움직일 수 있는 공간을 둘러싸고 싸우며 자신을 살찌울 자료를 둘러싸고 싸운다. 동물들은 자신의 영양분을 위해서 식물들을 먹이로 삼고 인간 역시 서로를 지배하고 자신의 욕망의 수단으로 삼으려고 한다. 특히 인간은 가장 위험한 무기인 인식을 가지고 자연을 자신의 욕망을 실현시키는 수단으로 만들려고 한다. 따라서 우리는 자연의 도처에서 투쟁과 갈등을 본다.

이와 같이 개별의지는 자신에게 적대적인 개별의지들을 파괴하는 방식으로 자신의 욕망을 무한하게 실현하려고 하면서 물자체로서의 전체 의지를 실현한다. 이렇게 볼 때 현상계로서의 자연 전체는 개체들이 자신과 자기 종족의 존속을 위해서 서로 투쟁하는 거대한 싸움터다.

이렇게 각 개체들이 한없는 결핍감에 사로잡혀서 욕망에 쫓기면서 그러한 욕망을 충족시키기 위해서 서로 투쟁하는 모습이 이 세계의 실상이다. 따라서 쇼펜하우어는 이 세계는 존재할 수 있는 세계 중 최악의 세계라고 보았다.

그런데 모든 존재자들이 충족되지 않은 욕망과 서로 간의 투쟁으로 인해서 고통을 받고 있지만 그 중에 인간은 자신에게 특유한 인식능력 때문에 가장 많은 고통을 받는다. 짐승은 추상적인 인식능력이 없기 때문에 현실적인 감각이나 눈앞의 쾌락이나 고통에 따라서 행동하는 반면에 인간은 추상적인 인식능력을 갖기 때문에 이미 사라진 과거와 아직 오지 않은 미래를 생각하면서 행동한다. 예를 들어 인간들은 미래의 희망을 생각하면서 현재의 결핍을 기쁘게 감수한다.

이와 함께 인간에게는 대부분의 고통이나 기쁨의 원인이 실재하는 현재에 있는 것이 아니라 단지 추상적인 사유 속에 있다고 할 수 있다. 사람들은 과거의 기분 나빴던 일 때문에 괴로워하거나 미래에 대한 불안 때문에 잠 못 이룬다. 선생님에게 매를 맞으면서 매를 맞을 때의 고통보다 더 고통스러울 수 있는 것이 바로 매 맞을 고통에 대한 두려움에 떨 때라는 것은 누구나 한번 쯤 경험했을 것이다. 그리고 과거나 미래의 즐거운 일을 생각할 때도, 지난날의 기쁨을 기억하면서 현재의 평안함을 사소한 것으로 간주하고 항상 미래에는 보다 더 나아질 것이라고 기대하기 때문에 기쁨은 기대한 것에 항상 못 미치고 고통은 예상보다 더 큰 고통을 준다.

아울러 인간은 추상적인 인식능력으로 인해서 항상 남과 자신을 비교하게 되며 이것이 인간의 고통을 더욱 증대시킨다. 다른 사람의 만족은 나의 결핍의식을 더하게 하고 타인의 결핍과 곤궁은 나의 만족의식을 더해준다. 사람들은 남의 불행을 자신의 행복의 소재로 삼는다.

인간은 만물의 영장이라 거들먹거리지만 결국 고통을 느낄 수 있는 능력이 가장 예민하게 발달해 있는 동물에 지나지 않는다. 이러한 고통에서 벗어나기 위해서 인간은 끊임없이 자신의 환경을 변화시켜 왔지만 욕망은 한이 없기에 결핍감과 불만은 끝이 없다. 그리고 일시적으로 욕망이 채워져도 인간은 곧 권태를 느낀다. 물질이 풍족하지 않으면 궁핍해서 풍족하면 권태로워서, 욕망이 있으면 그 욕망을 채우지 못해서 욕망이 없으면 욕망의 부재로 인해 삶이 지루해서 시달리게 되는 것이 인간이다. 인간은 의지가 객관화된 것 중의 가장 높은 단계이기 때문이므로 의지의 본성이 가장 잘 나타나며 이와 함께 인간의 삶에서 욕망과 궁핍의 현상이 가장 뚜렷하게 나타난다.

 이렇게 모든 개별자들이 충족되지 않는 욕망에 사로잡혀 서로 투쟁하는 현상계를 보면 우리는 그러한 현상계의 근저에 있는 물자체도 그 자체 내에서 불만과 고통에 시달린다고 보아야 할 것이다. 근원적인 의지 자체가 자기 자신에 대한 내적인 갈등으로 가득 차 있다. 따라서 이러한 근원적인 의지가 현상계에 자신을 나타날 때도 그것은 존재자들 간의 투쟁과 대립으로 나타나게 된다. 물론 근원적인 의지는 유일한 일자이기에 현상계의 무수한 개체들과 종족들이 서로 투쟁하더라도 거기에는 어떤 통일성과 조화가 존재한다.

 그러나 어떻든 근원적인 의지는 스스로 내적인 갈등과 대립에 가득 차서 고통을 스스로 야기하고 그 스스로 고통을 받고 있다. 쇼펜하우어의 염세주의는 결국 우주의 근원마저도 자체 내에서 이렇게 서로 갈등하고 투쟁하는 비합리적인 것으로 보는 것으로 귀착된다.

4. 고통으로부터의 출구

그런데 현상계의 근원인 물자체가 결국 이러한 성격을 가진 것이라면 우리는 어떻게 고통에서 벗어날 수 있는가? 전통적으로 우리의 욕망을 통제하는 능력으로 알려진 이성도 결국 의지에서 비롯되고 의지의 도구에 지나지 않는다면 결국 우리를 고통에서 구할 수 있는 것은 아무 것도 없지 않는가? 쇼펜하우어에서는 그렇다고 해서 인격신에게 호소할 수도 없다.

그럼에도 쇼펜하우어는 우리를 고통에서 벗어날 길이 있다고 보았다. 그리고 본인이 보기에 바로 여기에 쇼펜하우어 체계의 모순이 존재하는 것 같다. 적어도 물자체로서의 의지가 현상계 전체의 근원이고 모든 것이 그것에서 비롯된다면 쇼펜하우어 체계에서 고통으로부터의 구원은 불가능하다고 생각된다. 그러나 쇼펜하우어는 인간의 이성은 의지의 지배를 받기도 하지만 이성을 통해서 의지를 통제하고 더 나아가 의지를 부정할 수 있다고 말하고 있다. 쇼펜하우어는 인간은 욕망에 사로잡힌 존재이기도 하지만 순수한 인식의 주체가 될 수도 있다고 보고 있는 것이다.

쇼펜하우어는 우선 인식의 주체로서의 우리는 객체가 아니기에 인식될 수 없으며 따라서 근거율의 지배를 벗어나 있다고 말하고 있다. 근거율이란 우리가 인식의 주체로서 우리에게 주어져 있는 감각자료를 통합하여 객체로서 객관화하는 사유형식이기 때문에 그것은 객체에 적용될 뿐 인식의 주체에게는 적용될 수 없다. 물론 우리는 우리 내면에서 시간적으로 잇달아 일어나는 욕망이나 정서 등을 경험하며 그것들의 작용법칙을 파악할 수 있다. 그것들은 분명히 시간과 근거율의 지배 아래 존재한다. 그러나 이것들의 작용법칙을 파악하는 주관은 칸트가 말하는 것처럼 모든 표상에 필연적으로 동반하며 그 자체가 표상이나 객체가 될 수 없기 때문에 그것은 시간과 근거율의 지배에서 벗어나 있다.

물론 쇼펜하우어는 우리의 이성은 객관화될 수 없음에도 불구하고 의지의 도구라고 보고 있다. 그것은 의지의 명령에 따라서 현상들의 작용법칙을 파악하면서 이것을 이용하여 의지가 자신의 의도를 관철할 수 있도록 도와준다. 그러나 이성이 그럼에도 불구하고 인간의 감정과 의지의 작용까지도 객관화하여 고찰할 수 있다는 것은 그것이 자신의 의지에 대해서도 거리를 취할 수 있는 능력을 가지고 있다는 것을 의미한다.

쇼펜하우어는 우리의 인식이 이렇게 의지에서 벗어날 수 있다는 사실은 이성이 때때로 의지의 명령에 대해서 보이는 냉담한 반응에서도 확인해 볼 수 있다고 말하고 있다. 즉 우리의 의지는 어떤 것에 집중하고 싶어 하지만 우리의 이성이 잘 따라주지 않을 때가 있다. 그러다가 어느 날 갑자기 의지가 갖고 싶어 했던 좋은 생각이 우리의 이성에 갑자기 떠오를 수 있다. 쇼펜하우어는 이성은 이렇게 의지에 무조건적으로 복종하지 않는 것을 넘어서 의지를 지배하는 것으로 이행할 수 있다고 보고 있다.

이와 함께 쇼펜하우어는 이성적인 능력을 발휘함으로써 우리의 삶을 불행에서 기쁨으로 바꿀 수 있는 여러 가지 방법들을 제시하고 있다. 따라서 쇼펜하우어는 한편으로는 삶 자체가 고통이라고 말하고 있기도 하지만 사실은 우리가 삶에 대해서 우리가 어떤 태도를 취하느냐에 따라서 우리들의 삶이 보다 고통스러워질 수 있고 보다 덜 고통스러울 수 있다고 말하고 있는 셈이다. 이는 달리 말해서 쇼펜하우어 자신도 삶 자체가 고통이라고 말한다기보다는 고통의 원인은 우리가 우리에게 존재하는 이성적 능력이 감각적 욕망의 노예가 되어 있는 상태에 있고 이성적 능력을 이러한 노예상태에서 벗어나게 함으로써 우리는 비로소 행복해질 수 있다고 말하고 있는 것이다.

쇼펜하우어는 이성이 의지를 지배할 수 있는 방법으로 교양과 삶의 지혜 외에 모든 것의 필연성을 통찰하는 철학적 지혜, 동정, 금욕주의적인 의지부정 등 여러 가지를 들고 있지만 여기서는 쇼펜하우어가 궁극적인 해결책으로 보고 있는 금욕주의적 의지부정의 방법을 주로 살펴보고자 한다.

쇼펜하우어에게는 행복이란 어디까지나 고통이 사라진 소극적인 상태에 지나지 않는다. 우리가 느끼는 만족감이라는 사실은 우리의 욕망이 충족되는 과정에 불과하며 우리가 욕망에 사로잡혀 있을 때 느끼는 고통이 소멸해 가는 과정에 불과하다. 예를 들어 우리가 자장면을 먹을 때의 만족감이란 자장면을 먹고 싶어 했던 우리의 욕망이 충족되는 과정에 불과하며 그것은 이러한 욕망이 충족됨에 따라서 점차로 사라지는 것이다. 따라서 쇼펜하우어는 우리가 어떤 사람에게 사랑을 베푼다는 것도 그 사람에게 어떤 적극적인 행복을 가져다준다기보다는 그 사람의 고통을 덜어주거나 제거해주는 동정에 지나지 않는다고 말하고 있다. 이와 함께 쇼펜하우어는 우리가 의지의 지배에서 벗어나는 것도 어떤 적극적인 행복을 획득하기 위한 것이 아니라 자기 자신의 욕망을 최소한도로 감소시킴으로써 고통을 줄이는 것이라고 보고 있다. '의지가 덜 흥분할수록 고통도 적다'는 것이다. 의지는 결국 모든 현상의 원천이기에 의지를 부정하는 것은 결국 무로 돌아가는 것을 의미한다.

　이러한 의지부정의 수단으로 쇼펜하우어는 금욕주의적인 고행을 들고 있다. 쇼펜하우어에 의하면 살려고 하는 의지는 주로 개체보존욕·종족번식욕·이기심으로 나타난다. 따라서 개체보존욕구와 연결되어 있는 식욕을 억제하는 조식(粗食)과 종족번식욕을 억제하는 정결(貞潔) 그리고 이기심과 연결되어 있는 탐욕을 억제하는 청빈(淸貧)이 금욕주의적인 고행의 3대 요건이 된다. 그리고 이 세 가지를 엄수하는 자가 성자라 불린다. 쇼펜하우어는 이렇게 의지를 부정함으로써 그것의 속박에서 벗어나 있는 상태가 바로 진정한 자유라고 본다.

　조식과 정결 그리고 청빈은 모두 우리의 육체에 대한 지배를 의미한다. 육체는 근본적으로 의지의 표현인 바, 육체에 대한 이러한 지배와 부정은 의지에 대한 지배와 부정이다.

　그런데 쇼펜하우어는 이러한 금욕주의적인 의지부정도 결국 의도적인 목적을 통해서 추구되기 때문에 금욕주의를 완전한 의지 없음과 동일시해서는 안 된다고 말하고 있다. 의지가 완전히 사라진 무의 상태는 그러한 금욕주의적 의지마저도 사라지고 흡사 외부에서 주어지는 것처럼 우리에게 돌입해 온다. 그것은 '갑작스런 은빛 섬광'처럼 예기치 않게 발생한다. 쇼펜하우어는 이렇게 의지가 온전히 사라진 상태가 우리가 예기하지 않는 순간에 우리에게 주어지는 것을 기독교에서는 은총이라고 부른다고 말하고 있다. 진정한 구원은 우리의 의도나

계획을 통해서 이루어지지 않는다. 이 점에서 쇼펜하우어가 말하는 무의 상태는 아무 것도 존재하지 않는 공허의 상태라기보다는 오히려 신비주의적인 정적의 상태를 가리킨다. 쇼펜하우어는 이러한 신비주의가 모든 종교들에서 공통적으로 나타난다고 보고 있다. 그리고 쇼펜하우어에 따르면 이렇게 은총처럼 주어지는 의지부정의 상태 속에 있는 자만이 온전히 이기심을 극복했기에 기독교에서 말하는 것처럼 이웃을 제 몸같이 사랑할 수 있다.

아우구스티누스, 『신국론』
— 지상을 순례하며 꿈꾼 영원한 평화

박승찬

박승찬은
독일 프라이부르크대학에서 종교철학으로 박사 학위를 받았다. 지금은 가톨릭대학교 인문학부 철학전공 교수로 재직하고 있다. 『토마스 아퀴나스』, 『서양 중세의 아리스토텔레스 수용사』, 『영원을 향한 철학− 존재와 사유, 인간과 자유』 등의 저서가 있으며 『토마스 아퀴나스의 형이상학』, 『모놀로기온 & 프로슬로기온』, 『신학요강』 등을 번역했다.
elias@catholic.ac.kr

아우구스티누스(Augustinus, 354~430)는 가장 영향력 있는 그리스도교 사상가로서 급변하는 현대 사회에 비견될 수 있는 로마 제국 말기의 격변기에 살았다. 뛰어난 고대 학자들이 저술한 작품들은 사라져 버린 반면에, 아우구스티누스의 작품은 반달족들의 침입에도 불구하고 잘 보존되었기 때문에, 현재까지 전해 오는 그의 작품의 양은 엄청나다. 바로 이 풍부한 작품들을 통해서 아우구스티누스는 당시 사람들뿐 아니라 이후 서방 세계 전체에 지속적으로 영향을 미쳐 왔다. 해박한 인문학적 지식과 그리스도교의 핵심을 꿰뚫는 통찰력을 지녔던 아우구스티누스는 대교황 그레고리우스, 앨퀸, 안셀무스, 페트루스 롬바르두스 및 여러 프란치스코회 학자들(보나벤투라, 둔스 스코투스)을 비롯한 중세의 거의 모든 학자들에게 무려 800년 동안 최고의 스승으로 존경받았다.

아우구스티누스는 그의 뛰어난 업적과 인품으로 '그리스도교의 성인'자리에 올랐지만, 처음부터 인격적인 완성에 도달했던 범접하지 못할 인물은 아니었다. 그는 인간적인 유혹과 삶의 모순에 누구보다도 더 예민하게 시달려야 했고, 심지어 주교의 자리에 오른 뒤에도 종종 찾아드는 육체의 유혹에 마음앓이를 했다. 아우구스티누스야말로 명예욕과 성욕과 출세욕에 끝없이 시달려야 했던 우리 각자의 모습과 너무도 닮은 '가슴 따뜻한 보통사람'이었다. 토마스 아퀴나스와 같은 이가 그와 논쟁을 벌였던 적대자들에게까지도 존경을 받았다고 전해진 반면, 우리의 '보통사람' 아우구스티누스는 역사적으로 찬성과 반대를 누구보다도 뚜렷하게 받아 온 사람이다. 아우구스티누스의 주장들에 대해서 찬성하든지 반대하든지, 서구 사람들이 인간의 본성이나 '신', 심지어 역사와 언어에 대해서 생각해온 많은 내용은 아우구스티누스에게서 영향을 받은 것이다. 더욱 놀라운 것은 아우구스티누스의 사상이 현대 사회에서도 적용될 수 있는 값진 원리와 원칙들을 대단히 풍성하게 제공해 주고 있다는 사실이다. 채드윅이 그를 "최초의 현대인"이라고 불렀던 것처럼, 그의 가르침들은 때로 대단히 현대적이다. 더욱이 그는 단순히 이론적인 탐구에만 몰두했던 것이 아니라 혼란스러웠던 시대에 자신의 소명을 다하려는 정직한 지성인이었다. 한 시대가 가고 또 하나의 다른 시대가 오는 붕괴와 같은 혼돈을 겪으면서도 그는 좌절하거나 체념하지 않았다. 오히려 시대의 재난이나 변화에 매몰되지 않고, 그것을 응시하며 파악하고 새로운 방향을 제시하고자 했다.

　그 많은 작품 중에서도 그의 개인적인 고백과 찬양으로 가득 찬 『고백록』(Confessiones)은 1500년이 넘게 변함없는 매력의 대상이 되었다. 그렇지만 아우구스티누스의 사상적인 발전의 정점에는 해박한 지식과 규모의 측면에서 『고백록』을 능가하는 『신국론』(De civitate Dei)이 자리하고 있다. 안타깝게도 이 책은 그리스도교를 열심히 믿는 신자들에게조차 충분히 알려져 있지 않다. 그러나 이 책은 실로 여러 가지 측면에서 놀라움을 자아내는 책이다. 우선 분량면에서도 아우구스티누스가 평생동안 저술한 책들 중에서 가장 방대한 책이다. 분도출판사에서 라-한 대역 3권으로 출간된 번역본의 경우, 본문만 매우 작은 글씨로 거의 1500쪽에 달하고 있다. 단순히 분량만이 아니라 그 책에 담겨있는 저자의 해박함과 놀라운 통찰력은 과연 이 책이 왜 서구지성사에 그토록 큰 영향을 미쳤는가를 짐작할 수 있게 해 준다. 특히 이 작품은 역사적인 사료들이 풍부하지 못한 다양한 분야에 대해서 당시 사회를 들여다볼 수 있는 중요한 자료를 제공해 주기도 한다. 이 책은 단순히 학문적인 범위를 넘어서서 영향을 미쳤고, 실제적인 정치에까지 영감을 준 바 있다. 프랑크 왕국을 세운 카를 대제(742~814)는 아우구스티누스가 이상으로 하는 '신국'을 지상에 건설하고자 하는 영감을 『신국론』에서 얻었으며, 이 책을 항상 머리맡에 두고 참고했다고 한다.

물론 방대함과 치밀한 구성에서 토마스 아퀴나스의 『신학대전』은 이 책을 능가한다. 그렇지만 『신국론』을 읽고 있을 때, 우리는 『신학대전』과는 다른 독특한 감동을 받는다. 바로 이 책 안에는 아우구스티누스가 지녔던 신과 교회에 대한 사랑이 유래를 찾기 힘들 정도의 열정적인 문체로 기술되어 있기 때문이다. 우리는 이 책에서 수사학의 전문가였던 노주교가 마지막 혼신의 힘을 다해 부른 "백조의 노래"를 들을 수 있다.

1. 『신국론』의 집필 동기

　『신국론』은 단순히 한 성직자가 수도원의 고요한 명상 속에서 성찰한 내용을 적은 영성서적이 아니다. 오히려 자신의 조국이 멸망해 가는 위급하고 혼란스러운 상황 속에서 저술된 긴장감이 넘치는 책이다. 그래서 이 책을 올바로 이해하기 위해서는 당시 상황을 이해하는 것이 필수적이다.

　아우구스티누스가 태어날 당시 로마제국은 '해가 지지 않는 나라'라고 불릴 정도의 광대한 제국을 이루었던 전성기를 지나 정치, 경제, 사회, 종교적으로 극심한 혼돈을 겪고 있었다. 정치적으로 광대한 제국을 효율적으로 다스리기 위해 도입한 동·서 로마 제국의 분할(4황제 제도)은 오히려 반복되는 정쟁의 계기가 되었다. 경제적으로도 쇠락해 가고 있었는데, 지중해 연안 전체를 다스리게 된 로마제국은 그 주된 수입원이었던 식민지들이 모두 사라짐으로써 새로운 부의 창출이 어려워졌다. 그럼에도 검소했던 초기 로마의 귀족 문화는 사라지고 사치스러운 생활에 익숙해진 귀족층은 더욱 많은 수입을 필요로 하게 되었다. 라티푼디움 등의 토지 병합 현상은 중간 계층의 몰락을 재촉했고, 이에 따라 서민 개개인에게는 세 부담이 더욱 무거워졌다. 개인에 대한 강압적 통제는 강화되었지만 국가 전체적으로 볼 때에는 중앙 정부의 통제력이 급속히 와해되어 가고 있었다. 로마제국을 건설할 때의 '노블레스 오블리제'의 강건한 정신은 어느덧 사라졌고, 다른 고대 제국들처럼 용병을 고용함으로써 자연스럽게 군사력의 약화를 가져왔다. 이것은 외침의 위협을 증대시켰고, 게르만족 용병들이 로마제국

내에 집단으로 거주함에 따라 군사적 봉기의 위협은 커져만 갔다. 더욱 심각했던 것은 사회를 짓누르는 불안과 허무감이 감각적 향락주의와 기회주의를 낳고 극도의 불신과 이기주의를 팽배하게 함으로써 야기된 정신적인 혼돈이다. 이런 상황 속에서 자신들도 향락과 쾌락을 즐기는 것으로 묘사된 신들을 섬기는 로마의 다신교는 개혁의 힘을 지니지 못하고 있었다. 이러한 로마제국 말기의 정치적인 혼란 속에서 옛 것이 가고 새 것이 오는 과정에서 새로운 활력을 불어 넣은 것은 로마 제국의 한 변방에서 발생한 그리스도교였다. 그리스도교는 거대한 로마제국을 통합할 새로운 정신적인 원리를 희망하던 콘스탄티누스 대제의 밀라노 칙령(313년)을 통해 신앙과 경배에 대한 자유를 얻었고, 더 나아가 392년에 국교로까지 인정받게 되었다.

    테오도시우스 황제는 그리스도교를 국교로 선포하면서 전통적인 다신교의 신전들을 폐쇄하고 이교도의 제사를 금하는 일련의 칙령들을 반포했다. 그러나 이런 국교화 과정은 순조로이 진행되지 못했고, 그리스도교는 기존의 다신교 신앙을 유지하고 있던 이들의 미움을 더욱 크게 받았다. 국교로 선포된 이후에도 여러 차례에 걸쳐서 그리스도교를 반대하는 폭동이 일어나서 그리스도교인들의 생명과 재산이 피해를 입었다. 4세기 말 로마 원로원 회랑에 있던 빅토리아 여신상을 철거할 때에 수도(首都)장관 심마쿠스를 비롯한 이교도 지성인들이 그 처사에 반대한 것도 이런 반발을 잘 드러내 준다.

    그러나 국교가 된 그리스도교를 결정적으로 위협하는 사건은 5세기 초엽에 벌어졌다. 410년 8월 24일 서고트 족의 왕 알라리쿠스는 천년 이상 유지된 로마 제국의 상징, 영원한 도시 로마를 점령했다. 이

점령은 세계의 중심지, 모든 문화의 총체인 로마가 불패의 권세라는 고고한 신념을 여지없이 꺾어버렸고, 로마인들에게는 글자 그대로 세계의 붕괴를 의미했다. 그리스도교로 개종한 지 얼마 안 되는 로마인들은 로마 제국이 몰락한 것은 제신(諸神)을 받드는 조상 전래의 종교와 예배를 저버리고 이교도의 신을 믿는 그리스도교를 받아들였기 때문이라고 비판을 퍼부었다. 그리스도교인들은 이런 재앙이 여전히 이교도들이 많이 있기 때문이라고 응수했다. 결국 점령당한 로마인들은 역사 속에서 진행되는 신의 섭리에 대해 묻기 시작했고, '과연 그리스도교 때문에 로마제국이 몰락하게 되었는가'라는 논쟁이 일어나게 되었다. 부유하고 교양 있는 로마인 중 상당수가 그들의 영지가 있는 북아프리카로 피신하였으며, 그곳에서 아프리카 그리스도교의 지도자인 히포의 주교 아우구스티누스에게 그들의 도전적인 질문을 던졌다.

50대 후반에 접어든 아우구스티누스에게는 이미 통상적인 사목활동을 뛰어넘는 펠라지우스파나 도나투스파 등과의 치열한 논쟁들 자체만도 버거운 일이었다. 그러나 그리스도교에 대한 이교도들의 비판이 얼마나 부당한지를 체계적으로 반박하기 위해 그는 22권으로 방대하게 구상된 호교서 『신국론』[1]을 저술했다. 이 "대작이자 힘든 일"(magnum opus et arduum, 『신국론』 I 서론)을 완성하기 위해 아

---

[1] 『신국론』이라는 제목은 시편에서 따온 것으로 플라톤이나 키케로의 『공화국』(Republica)과 의도적으로 대비시키기 위해 붙인 제목이었다. 그래서 『신국론』에는 플라톤이나 키케로와 논쟁을 벌이는 대목이 여러 군데 있다. 서문을 보면 이 저작을 아우구스티누스에게 촉구했던 독실한 그리스도인 행정관료 마르첼리누스("나의 사랑하는 아들")에게 이 책을 헌정하는 것으로 되어 있다. 그러나 아쉽게도 마르첼리누스는 반란에 가담했다는 중상모략을 받아 처형되었기 때문에 이 책을 읽을 수 있었더라도 처음 두 권밖에 읽지 못했을 것이다.

우구스티누스는 자신이 죽기 4년 전인 426년까지 무려 13년에 걸쳐서 작업했다.

아우구스티누스는 자신의 전체 작품을 다시 평가하는 말년의 작품 『재론고』(Retractationes)에서 이 저작을 쓰게 된 동기를 다음과 같이 밝히고 있다.

> 그간에 로마가 알라리쿠스의 고트족에게 파괴당하고 막중한 불운을 당하게 되었다. 제신(諸神)들을 섬기는 자들, 보통으로 이교도라고 부르는 사람들은 이 황폐를 기화로 하여 그리스도교를 공격하였고 여느 때보다 신랄하게 참 하느님을 설독(褻瀆)하였다. 그러므로 하느님의 집에 대한 열정에 사로잡혀 나는 그들의 설독과 오류에 대항하여 『신국론』이라는 책들을 쓰기로 작정하였다. 이 작품은 여러 해가 걸렸는데 뒤로 미룰 수 없고 먼저 해결을 요하는 여러 일이 중간에 끼어들었기 때문이다.(『재론고』 II, 43)

아우구스티누스가 『신국론』을 집필한 동기는 일차적으로 신학적인 것이었지만 아울러 도덕적이고 정치적이며 철학적인 성과도 높이 평가될 수 있다. 이 저서는 우선 이교도들을 대상으로 해서 그들이 그리스도교에게 가하는 비판이 근거 없음을 밝히고, 그들이 해결하지 못하는 현세적 복지와 영원한 행복을 그리스도교야말로 해결할 수 있음을 증명하려 한다. 다른 한편으로 그리스도인들을 대상으로 해서 이교도들이 가하는 부당한 공격에 응답하기 위한 이론적 무기를 제공하며, 구원의 역사라는 관점에서 인간 역사를 바라볼 수 있는 안목을 제시해 주고자 하는 것이다. 조금 더 구체적으로 말하면 세계의 송말저럼 느껴지는 로마 몰락의 이유가 그리스도교의 전파 때문이 아님을 밝히기 위해, 그리스도교 예배가 성행하기 훨씬 전부터 로마에는 끊임없이 재앙과 비극이 있었고 이교 숭배가 그 재난을 막아주지 못했다는 것을 밝히고자 한 것이다.

2. 『신국론』의 구조

『신국론』은 인류의 위대한 지성이 구상할 수 있는 거창하고도 체계적인 구조를 갖추고 있다. 아우구스티누스 자신이 작품의 구성과 내용을 『재론고』(Ⅱ, 43)에서 매우 상세히 기술하므로 이를 토대로 구분해보면 『신국론』은 두 부분, 다섯 단원, 전체 22권으로 나누어진다.

첫째 부분의 첫 단원(Ⅰ-Ⅴ권)에서는 이교도들의 다신교가 사회문제를 해결하는데 부적절함을 논한다.

첫 다섯 권에서는 많은 이교인이 경배하는 제신에 대한 제의가 인간의 번영을 위하여 필요하고, 제의를 거행하지 못하게 한 것이 지금의 끔찍한 불행을 초래하였다고 생각하는 사람들의 견해를 반박한다.(『재론고』Ⅱ, 43)

아우구스티누스는 로마의 안녕을 위해 제신 숭배가 필요하다고 여기는 사람들에게 '이런 신들이야 말로 단순히 인간을 신성화시킨 것에 불과하지 않은가?'라고 반문하면서 다음과 같은 두 가지 주된 논거로 답변한다. ① 로마는 다름 아닌 제신을 숭배할 때 도덕적으로 타락했으며 외부의 압박을 받았다. ② 로마 제국의 위대함과 번영은 그리스도교의 유일하신 참 하느님의 섭리적 배려의 결과이지 제신의 보우나 운명의 선물이 아니었다. 이 부분을 쓰면서 아우구스티누스는 이교도 제의를 고고학적으로 소상하게 다룬 바로(Varro)의 로마 종교 연구를 많이 참고했다. 이교도 지성인들은 희귀 고서를 연구하는 데 엄청난 관심이 있었기 때문에 아우구스티누스로서는 그들도 굴복할 수밖에 없는 자료를 가지고 전통적인 제신 숭배가 얼마나 무미건조하며 황당무계한 것인가를 제시했던 것이다.

둘째 단원(Ⅵ-Ⅹ권)에서는 다신교가 정신적 차원에서 사회 질서를 바로잡는데도 실패하였고 사후의 영생과 행복을 보장하지 못한다는 사실을 밝힌다.

> 이후의 다섯 권에서는 (때로는 더 가혹하고 때로는 덜 가혹하고, 장소와 시간과 사람에 따라 다른) 이와 같은 재난이 예부터 인간에게 일어났고 앞으로도 일어날 것이라고 시인하나, 제신에게 드리는 희생제의가 죽은 다음에 다가올 삶을 위해 유익하다고 확언하는 사람들에게 이의를 제기한다. 따라서 Ⅰ-Ⅹ권에서는 그리스도교와 모순되는 두 가지 그릇된 견해를 반박한다.(『재론고』Ⅱ,43)

아우구스티누스는 여기서 영원한 삶과 관련하여 제신 숭배의 유용성을 주장하는 철학자들과 벌인 토론에서 그들의 견해에 동의하지 않는다. 아우구스티누스는 여러 철학자들 중에서도 자신이 '사상의 귀족'이라고까지 칭찬했던 신플라톤주의자들을 주된 비판의 대상으로 삼고 있다. 이들은 다신론적 전통을 영혼 정화의 한 방편으로 재해석하면서, 여러 신이 인간과 지고(至高)의 영역 사이의 중재자라고 보았다. 아우구스티누스는 이교도의 신화는 합리적인 바탕을 갖지 못하고, 국가종교가 선정한 신들은 참 하느님의 피조물들을 인격화한 것일 따름이라고 주장한다. 나아가 악령들은 중재자가 되지 못하고, 유일하신 중재자는 신인(神人)이신 그리스도일 뿐이라는 사실을 입증하기 위해 노력한다.

둘째 부분에서는 인류 역사를 구원의 역사로 생각하면서 지상 도성과 신의 도성을 구분하는 그리스도교 사상을 제시하고 옹호한다. 이러한 구분은 인류의 타락과 이기심을 지닌 천사에게서 유래하며, 인간의 타락은 천사의 유혹으로 일어났다. 따라서 악으로 얼룩진 지상 도성은 인류사에서 하느님의 사랑을 통해 지상 도성에서 신국으로 가는 길을 가르쳐 준 성자가 육화할 때까지 이어진다. 그 뒤 두 도성은 완성 때까지 이 세상에 함께 존속하나, 완성의 때에 두 도성은 영원한 지옥과 영원한 행복으로 영원히 나누어진다. 이 부분은 세 단원으로 나누어져 신국의 기원, 전개, 종국적 목표를 논한다.

내가 내 견해는 뒷받침하지 않고 다른 사람들의 견해만 반박하였지만, 아무도 나를 비난하지 않도록 열두 권으로 이루어진 이 작품의 제2부에서는 그들의 견해도 다룬다. [...] 제2부의 첫 네 권은 두 나라, 신의 도성과 이 지상 도성의 기원을, 그 뒤의 네 권은 두 도성의 경과 또는 발전을, 마지막 네 권은 두 도성에 상응하는 결말을 다룬다.(『재론고』Ⅱ, 43)

이 부분의 주요 내용을 도표로 요약해 보면 다음과 같다.

> (Ⅱ-1) 신의 도성과 지성 도성의 기원(ⅩⅠ-ⅩⅣ권)
> 1) 우주의 창조와 천사의 기원
> 2) 천사들의 범죄와 타락, 인간의 창조, 인류의 단일성
> 3) 죽음은 죄벌이지만 또한 포상의 기회
> 4) 범죄와 정욕 특히 성욕이 인간 안에 현존함.
>
> (Ⅱ-2) 신국의 전개과정(ⅩⅤ-ⅩⅧ권)
> 1) 아벨부터 노아 홍수까지
> 2) 대홍수부터 아브라함까지, 혹은 왕정시대까지
> 3) 열왕기 이후로 예언자 시대까지
> 4) 지상 도성의 그리스도 이야기
>
> (Ⅱ-3) 두 도성에 상응하는 결말(ⅩⅠⅩ-ⅩⅩⅡ권)
> 1) 최고선 및 최고악의 문제, 평화의 개념
> 2) 최후심판, 부당하고 근거없는 천년왕국 사상
> 3) 악인들의 운명과 총괄갱신사상
> 4) 육신의 부활과 선인들의 문서

여기에는 인류 역사 상에 등장하는 거의 모든 주제가 망라되어 있기 때문에 다루어진 주제를 모두 열거하는 것은 제한된 지면 안에서 불가능한 일이다. 오히려『신국론』을 구성하는 거창하고도 체계적인 구조를 고찰해 보는 것이 앞으로 이 책을 읽을 독자들에게 도움이 될 것이다.

3. 사랑의 윤리

아우구스티누스가 이미 초기 저작에서 충분히 다루었기 때문에 『신국론』에서는 명시적으로 다루지 않지만 그의 저작 전체를 꿰뚫고 있는 것은 '사랑의 윤리'이다. 그에 따르면 사랑이야 말로 인간 실존의 중심(重心)이며(amor meus pondus meum, 『고백록』 XIII, 9, 10) 모든 정열과 정욕은 두 사랑에 의해서(『신국론』 XI, 28), 즉 사랑이 선한가, 사랑이 악한가에 따라서 결정된다(『신국론』 XIV, 7). 따라서 본격적인 『신국론』에 대한 고찰에 들어가기에 앞서 그의 '사랑의 윤리'를 고찰해 보자.

아우구스티누스의 윤리 사상이 지닌 특징은 그가 받아들였던 고대 철학의 윤리관과 비교할 때 더욱 분명해질 수 있다. 소크라테스와 플라톤으로 이어지는 고대 그리스철학 전통은 다소간의 차이는 있어도 윤리의 기준으로서 지성의 작용을 강조하는 주지주의적인 성격을 지니고 있었다.[2] 이와는 달리 아우구스티누스는 윤리적인 행위가 이론적인 학문들에서 통용되는 삼단논법으로 환원될 수는 없고, 지혜와 진리를 사랑하고자 하는 인간의 '의지'로부터 생긴다고 보았다. 의지의 작용을 제대로 설명하기는 매우 어렵지만, 의지의 결정이 따르지 않는다면, 즉 어떤 주어진 일에 대해서 자신의 의지를 가지고 동의하지 않

---

[2] 주지주의란 인간의 행위를 판단하는 윤리적인 기준으로 지성이나 이성이 감정이나 의지보다 중요하다고 보는 입장이다. 감정을 상위에 두는 주정주의나 의지를 상위에 두는 주의주의와 대립된다. 소크라테스와 플라톤에서 시작해서 중세 스콜라철학의 토마스 아퀴나스를 거쳐 후에 스피노자, 헤겔로 연결되는 등 서구의 가장 영향력 있는 윤리이론으로 자리 잡았다.

는다면, 우리는 무언가를 인지하거나 이해할 수도 없을 것이다. 더 나아가 이런 상태라면, 학문적 지식이나 신앙에도 도달할 수 없을 것이다. 의지는 모든 사랑하는 대상을 향해 다가가며, 사랑은 무거운 중력처럼 영혼을 이리저리 끌고 다닌다.

> 나의 중력은 나의 사랑이다. 어떤 것이 나를 끌어당길 때는 언제나, 이 중력이 나에게서 작용을 한다. 너의 가치들이 우리를 불타게 하여, 우리들을 들어내 간다. 우리들은 불타버린 뒤, 우리들의 마음의 창문을 연다.(『고백록』XIII, 9, 10)

아우구스티누스에 따르면, 이처럼 의지는 한 개인의 인격성의 중심에 자리 잡고 있다. 따라서 많은 학자들은 아우구스티누스를 '주의주의'[3]의 대표적인 사상가로 보고, 의지야말로 그의 윤리학과 심리학의 중심 개념이자 주제였다.[4]

이렇게 아우구스티누스는 "사랑하시오, 그리고 당신들이 원하는 것을 하시오"(Dilige, et quod vis fac)[5] 라는 말에서처럼 윤리의 핵심을 의지의 작용, 그중에서도 사랑에서 찾았기 때문에, 그의 윤리학은 일반적으로 '사랑의 윤리학'이라고도 불린다.

　선한 것을 아는 사람이 선한 사람이 아니라, 선한 것을 사랑하는 사람이 선한 사람이기 때문이다. […] 우리가 만약 짐승이라면 우리는 육체적 삶을 사랑할 것이고 육체의 감각에 따르는 것을 사랑할 것이다. […] 우리가 만일 돌이나 물살이나 바람이나 불꽃이나 그와 흡사한 무엇이라면 아무 감각과 생명이 없겠지만 우리 고유의 공간이나 질서를 향하는 어떤 충동만은 없지 않을 것이다. […] 정신이 사랑에 의해 움직여지듯 물체는 중력에 의해 어디로든 끌고 가는 데로 끌려갈 것이다.(『신국론』XI, 28)

　아무리 행위의 결과가 좋더라도 그 행위자가 다른 목적을 지니고 사랑이 없이 행동했다면, 그 행위를 진정한 의미에서 윤리적 행위라고 부를 수는 없다. 이 점에서 사랑은 윤리적 행위의 필요조건이라고 할 수 있다. 그러나 소위 '스토커'들의 비정상적인 집착이나 자녀들을 오히려 잘못된 길로 이끄는 부모들의 무분별한 사랑에서도 나타나듯이, 행위자가 사랑이라는 이름 아래 행하는 모든 행위가 윤리적인 것은 아니다. 따라서 '어떠한 종류의 사랑이 인간 행위를 윤리적으로 만들 수 있는가'라는 질문이 제기된다.
　아우구스티누스는 우선 사람이 사물을 사랑하는 태도에 따라 두 종

---

[5] 『요한 제1서에 관한 설교』 7, 8.

류의 사랑을 구분한다. 즉 그 사물 그 자체를 목적으로 하여 사랑하는 것을 **향유**(frui)라고 부르고, 그 외에 다른 목적을 위한 수단으로서 사물을 사랑하는 것을 **사용**(uti)이라고 한다. 그렇다면 어떤 대상이 향유되어야 하고, 어떤 대상이 사용되어야 하는 것일까? 그에 따르면 하위에 있는 것은 보다 상위에 있는 것에 도달하기 위한 수단으로 사용되어야 하며 상위에 있는 것은 향유되어야 한다. 아우구스티누스는 우리의 행위가 따라야 할 존재의 질서에서 가장 상위를 차지하며, 최고 목적의 자리를 차지하는 것은 바로 신이라고 보았다. 따라서 그에게는 신이야말로 절대적으로 향유되어야 하는 대상이다.

> 왜냐하면 만일 신이 인간의 최고선이라고 한다면 […] 그 최고선을 구하는 것이 잘 사는 일이므로, 잘 산다는 것은 분명히 모든 마음을 다하고 온 목숨을 다하고 온 뜻을 다하여 하느님을 사랑하는 데 지나지 않는 것이다.(『가톨릭교회의 관습과 마니교도의 관습』I, 25, 46)

만물은 신의 피조물로서 좋은 것이지만 신과 같은 선을 갖는 것도 아니며 또 서로 동등하게 좋은 것도 아니다. 인간은 만물의 영장이기에 피조물의 우두머리로서 모든 것을 마음대로 사용하도록 허락받았으나, 중요한 것은 피조물들 사이의 질서를 올바로 파악하고 그 가치의 서열에 따라서 그것을 활용하는 일이다. 즉, 인간의 사랑을 결정하는 기준이 되는 '가치의 질서'는 '존재의 질서'에 따라야 한다.(『신국론』 XV, 22) 아우구스티누스는 구체적으로 외적인 사물은 이 신체를 위함이고, 신체는 나의 영혼을 위함이고, 영혼은 신을 향유하기 위함이라는 단계를 제시한다.

아우구스티누스에게서 덕(德)이란 곧 신의 영원한 법, 사물의 질서를 당신에게로 잡아두신 법도에 순응하는 사랑의 질서(ordo amoris)를 따르는 것이다. 이렇게 사랑의 질서가 바로잡혀 있으면 그것이 곧 평화(tranquilitas ordinis, 『신국론』XIX, 13)이다. 하위의 것을 추구하는 자기 사랑과 향유되어야 할 신에 대한 사랑은 돌이킬 수 없게 상충하며, 전자에서 온갖 악이 발원하고 후자에서는 오로지 선만이 발원한다는 것이 『신국론』을 관통하는 아우구스티누스의 기본 도식이다.

그러나 우리는 인간들의 삶 속에서 이런 사랑의 질서가 혼란을 일으키는 경우를 자주 만나게 된다. 인간들은 자신이 수단으로 사용해야 할 돈의 노예가 되어서 이를 최고의 목적으로 삼는 일이 종종 벌어진다. 또한 '건강한 육체에 건강한 정신'이라는 라틴어 속담처럼 영혼의 성장을 위해 육체를 가꾸고 이것에 관심을 보이는 것은 좋은 일이지만, 모든 정신적인 가치가 아름다운 육체를 향유하기 위한 수단으로 전락되어 버린다면 이는 그릇된 행위가 될 것이다. 더욱 심각한 가치의 왜곡은 최고 목적으로서 향유되어야 할 신이 인간 자신의 명예를 얻거나, 물질적인 혜택을 누리기 위한 수단으로 사용되는 데 있다. 그리스도교의 역사에 짙은 어두움을 드리운 십자군 전쟁에서부터 최근의 이라크 전쟁에 이르기까지 종교를 빙자한 수많은 전쟁들이야말로 신을 자신들의 경제적인 이익과 정치적 목적을 위해 사용한 대표적인 경우들이다. 또한 일부 대형교회의 세습에 따른 분쟁과 같은 일부 성직자들의 탐욕에 따른 행위에서도 이런 비윤리적인 사태가 벌어지곤 한다.

이와 같이 가치나 윤리의 왜곡을 피하기 위해서, 사랑해야 할 것을 올바른 방식으로 사랑하는 사랑의 질서가 요구된다. 아우구스티누스는 물론 최고의 덕은 최고 존재인 신을 사랑하는 것이지만, 이를 목적으로 이웃과 다른 사물들을 질서 있게 사랑한다면, 그 안에서 신에 대한 사랑의 계명과 이웃에 대한 사랑의 계명은 완성될 것이라고 생각했다.

4. 지상 도성과 신의 도성

아우구스티누스는 자신의 '사랑의 윤리'에 따라 인간을 두 가지 유형으로 구분한다. 즉 육체에 얽매어 살면서 변할 줄 모르는 **낡은 사람**(외적인 사람, 땅의 사람)과 신의 성령으로 재생하여 거듭난 **새 사람**(내적인 사람, 하늘의 사람)이 그것이다.[6] 그는 이런 구분을 토대로, 대상에 대한 사랑의 일치 즉 공통된 대상으로 향하는 각 사람의 사랑은 자연히 거기에 하나의 집단을 이룩한다는 사실에 주목한다.[7]

신을 무시하고 자기만을 추구하는 사랑을 하는 인간들은 바빌론, 즉 '지상 도성'(civitas terrena)에 속하게 된다. 이들은 낡은 사람의 생활, 시간적인 것을 사랑의 공통목적으로 하는 생활을 하게 된다. 이와

---

[6] 이런 구분에는 위하의 결과로 육 체에 사로잡히다 아우구스티누스 자신의 젊은 시절의 매우 그리스도교적 관점과 외적인 몸에 대로운 영향을 안게 된 것이 반영되어 있다.

[7] 관조 곧 저는 자신의 무엇을 사랑하고 있는가 주목해보라. 그리하고는 자신이 어느 나라에 속하는 시민인지 알게 될 것이다." 시편 주해, ㅁㅁ20

는 반대로 언제나 영원한 행복을 바라는 희망에 사는 내적인 사람은 신을 따르는 생활을 영위함으로써 예루살렘, 즉 '신의 도성'(civitas Dei)의 백성이 된다.

세상에는 두 가지 인간 사회밖에 존재하지 않는다고 단언할 수 있으니, 우리 성서에 의하면 이를 두 도성이라고 부를 수 있다. 하나는 육(肉)에 따라 사는 인간들의 도성이고 다른 하나는 영(靈)에 따라 사는 인간들의 도성인데, 둘 다 그 나름의 평화 속에 살고 싶어하며 기대하던 바를 획득하는 한 그 나름의 평화 속에서 살아가는 사람들의 도성이다.(『신국론』 XIV, 1)[8]

아우구스티누스는 이 두 도성의 구분이 앞에서 언급한 사랑의 윤리에 기반하고 있음을 명시적으로 밝힌다.

두 가지 사랑이 두 도성을 이루었다. 하느님을 멸시하기까지 이르는 자기 사랑이 지상 도성을 만들었고, 자기를 멸시하면서까지 하느님을 사랑하는 사랑이 천상 도성을 만들었다.(『신국론』 XIV, 28)

이런 표현에 따르면 자기 사랑은 결국 신까지 멸시하기에 이르고

---

[8] 이러한 구분은 『신국론』을 통해서 유명해 졌지만, 이미 그가 평신도의 신분으로(390년경) 집필한 마지막 저서 『참된 종교』(De vera religione)에서도 그 발상이 나타난다. "이 두 종류의 인간에 있어서, 하나 곧 묵고 지상적인 인간 […] 새롭고 천상적인 인간 […] 이와 비슷하게 인류도 아담에서부터 이 세상 끝날 때까지 […] 그것이 나타나는 모양은 마치 두 부류의 인류로 나뉘어져 있는 것처럼 보인다. 그 중의 한 부류에는 불경한 자들의 무리가 세상 처음부터 마지막까지 지상적 인간의 모상을 구현하고 있음에 비해서, 다른 부류에서는 하나이신 하느님을 섬기는 백성이 계승되어 왔다."(『참된 종교』 XXVII, 50)

이타심 혹은 하느님 사랑의 본질은 자기를 비움이다. 그렇지만 아우구스티누스는 다른 곳에서 '진정한 자기 사랑이 곧 하느님 사랑이 아니던가?'라고 반문한 후에, "자기를 사랑하지 않음이 곧 자기를 사랑함이요 자기를 사랑함이 곧 자기를 사랑하지 않음"[9]이라고 답변함으로써 그 두 가지가 일치할 수 있음을 암시한다. 양자가 상충되는 것처럼 느껴지는 까닭은 자기 사랑이 이기적인 사랑, 지상의 것에 대한 사랑으로 간주되기 때문이다.

아우구스티누스는 다른 곳에서 두 도성을 '사사로운 사랑'(amor privatus)과 '사회적 사랑'(amor socialis)이라는 개념을 가지고 구분한다. '사사로운 사랑'이란 그 나라 국민의 일부만을 사랑하는 사랑, 타인을 염두에 두지 않고 신과 자신 사이의 일대일 관계만 집착하는 사랑으로서, 사회의 분열, 온갖 차별과 편중, 오만과 탐욕과 인색을 키울 뿐이다. '사회적인 사랑'은 공동선의 사랑, 화해와 통일과 공평을 도모하는 사랑이다. 인류의 첫째가는 공동선은 다름 아닌 신이기 때문에, 이런 사랑을 하는 이는 자기를 사랑해도 신과 결부시켜서, 그리고 신 때문에 타인들을 자기처럼 사랑하게 된다.

> 두 사랑이 있으니 하나는 순수하고 하나는 불순하다. 하나는 '사회적 사랑'이요 하나는 '사사로운 사랑'이다. 하나는 상위의 나라를 생각하여 공동의 유익에 봉사하는데 전념하고, 하나는 오만불손한 지배욕에 사로잡혀 공동선마저도 자기 권력 하에 귀속시키려 한다. 하나는 신에게 복속하고 하나는 신에게 반역한다. 하나는 평온하고 하나는 소란스럽

---

9 『가톨릭교회의 관습과 마니교도의 관습』 I, 26, 48.

다. 하나는 평화스럽고 하나는 모반을 일으킨다. 하나는 그릇된 인간들의 칭송보다는 진리를 앞세우지만 하나는 무슨 수로든지 찬사를 얻으려고 탐한다. 하나는 우호적이고 하나는 질시한다. 하나는 자기에게 바라는 대로 남에게도 바라지만 하나는 남을 자기에게 복종시키기 바란다. 하나는 이웃을 다스려도 이웃의 이익을 생각하여 다스리지만 하나는 자기 이익을 위하여 다스린다. 천사들로부터 시작해서 한 사랑은 선한 자들에게 깃들고 한 사랑은 악한 자들에게 깃들어서 두 도성을 가른다.(『창세기 축자해석』XI, 15, 20)

아우구스티누스가 두 도성을 착안하게 된 근거는 성서에서였다. 라틴어 불가타본 성서에는 '신의 도성'(civitas Dei)이라는 용어가 나오고, 아우구스티누스는 이 사실을 『신국론』 제XI권의 첫 머리에서 상세히 논의하고 있다. 더 나아가 성서는 두 도성의 생활 양식을 대조시킬 뿐만 아니라(선한 천사와 악한 천사, 의인의 길과 죄인의 길, 영에 따르는 삶과 육에 따르는 삶, 빛과 어둠의 싸움, 그리스도와 이 세상의 임자), 둘을 예루살렘과 바빌론으로 직접 지칭하기까지 한다.[10] 아우구스티누스는 이러한 성서적 근거를 토대로 지상 도성이 죄로 타락한 인간본성으로부터 유래한 반면 천상 도성은 신의 은총으로부터 유래했음을 분명히 밝힌다.

    죄로 타락한 자연본성은 지상 도성의 시민들을 낳아 준다. 그 대신 천상 도성의 시민들을 낳아주는 것은 죄로부터 자연본성을 구하는 은총

---

[10] 참조 : 히브 12,22와 묵시 3,12; 18,10; 21,2.

이다. […] 전자는 자연본성이 무엇인지 보여주면서 관습이 낳아주었고, 후자는 하느님의 은총을 상징하면서 언약이 선사해 주었다.(『신국론』 XV, 2)[11]

여기서 주의할 점은 이러한 구분이 마니교[12]의 이원론에 배경을 두는 것이 아니라는 점이다. 성서가 제시하는 이원론은 선과 악을 구분하는 도덕적 이원론, 육의 욕망과 영의 욕망이 충돌한다는 심리적 이원론, 역사의 종국에 가서 의인과 악인의 영원한 분리된다는 종말론적 이원론이다. 이와는 반대로 마니교의 이원론은 물질과 정신이 악과 선이라는 원리로서 대립하여 존재한다는 형이상학적 이원론이다. 『신국론』의 곳곳에서 아우구스티누스는 마니교를 '어리석거나 미친 생각을 하지 말아야 한다'고 노골적으로 비판한다.[13]

5. 정의와 평화의 세계

위에서 언급한 두 도성의 구분을 볼 때나『신국론』의 일부 구절들을 읽어보면 아우구스티누스가 로마 제국을 비롯한 모든 정치 제도를 폄하하고 있다는 인상을 받을 수 있다. 국가는 권력에 눈이 멀어서 추악한 정복이나 일삼으며, 조직이나 권세 있는 자들이 강압적으로 억누르고 있는 기관쯤으로 평가하고 있는 것처럼 보이기도 한다. 아우구스티누스는 로마 공화정 사상 벌어진 처절한 전쟁을 신랄하게 폭로하며 로마 사회의 특징이란 원시적인 풍요와 대중적인 더러움이라고 한 살루스티우스의 빈정거림을 그대로 인용하고 있기 때문이다. 그렇지만 국가는 인간의 자연스러운 본성인 사회성의 발로이기 때문이고 가족 사회가 자연스럽게 발전한 결과라고도 볼 수 있다.

> 인간 역사가 태평했다면 왕국들은 조그만 채 남아 있었을 것이고, 화목한 선린 가운데 희희낙락했을 것이며, 도성에 시민들의 가택이 많고 많듯이 세상에도 민족들의 왕국이 많고도 많았을 것이다.(『신국론』Ⅳ, 15)

그렇다면 아우구스티누스가 로마 제국을 비롯한 국가를 그토록 강하게 비판하는 이유는 무엇인가? 이에 대한 해답은 "정의가 없는 왕국이란 거대한 강도떼가 아니고 무엇인가"(『신국론』Ⅳ, 4)라는 질문에서 찾을 수 있다. 이를 설명하기 위해서 아우구스티누스는 흥미로운 알렉산데르 대왕과 해적 사이의 대화를 소개한다. 알렉산데르 대왕에게 잡혀 온 해적에게 '무슨 생각으로 바다에서 남을 괴롭히는 짓을 저지르냐'고 문초하자, 그 해적은 다음과 같이 답변했다고 한다.

> 그것은 폐하께서 전세계를 괴롭히는 생각과 똑같습니다. 단지 저는 작은 배 한 척으로 그 일을 하는 까닭에 해적이라 불리고, 폐하는 대함대를 거느리고 다니면서 그 일을 하는 까닭에 황제라고 불리는 점이 다를 뿐입니다.(『신국론』 IV,4)

아우구스티누스는 강도 떼도 사람들로 구성되어 있고, 한 사람의 두목에 의하여 지배되는 한편, 결합체의 규약에 의하여 조직되어 있으며, 약탈물은 일정한 원칙에 의하여 분배되므로 앞서 언급했던 국가에 대한 일반적인 규정에 해당될 수 있다는 사실을 환기시키고 있는 것이다. 심지어 강도 떼도 일정한 대내적 정의, 대외적으로 불의하게 행동하는 그런 정의에 입각해서만 존속할 수 있다. 아우구스티누스는 제 XIX권에서 고전적인 규정에 따라 정의란 각자에게 각자의 몫을 주는 것(suum cuique tribuere)이며, 이런 정의를 저버리고 불법을 저지른 자에게는 남에게 해악을 끼치지 못하도록 징벌을 통해 교정을 해야 한다고 주장한다. 따라서 강도 떼는 탐욕이 결여된 것이 아니라 나름대로의 세력 때문에 그 탐욕이 징벌당하지 않기 때문에 이 집단이 존속하면서 정정당당한 집단처럼 행세하는 것이다(『신국론』 XIX,12). 전 세계를 지배하고 정복한 로마제국도 만일 진정한 정의를 지니고 있지 못하다면 진정한 공화국(res publica)이라 할 수 없다고 비판하는 것이다.

아우구스티누스에 따르면 지상 도성도 평화를 추구하며 평화가 달성되면 신국의 시민들도 지상의 평화를 향유할 권리가 있다. 그렇지만 아우구스티누스는 지상 도성과 신국 모두가 추구하는 '평화'도 단지 정치적이거나 시민적인 용어로 정의하지 않고 이를 신학적으로 해석하려고 시도했다. 아우구스티누스도 물론 오직 힘 있는 정부만이 평화를 보장해 주고 사람들로 하여금 사회 안에서 평화를 누리도록 해준다는 사실을 인정했다. 조직이나 인간의 탐욕은 제한받고 처벌받지 않는다면 커다란 무질서를 초래할 것이기 때문이다. 아우구스티누스도 세상에서 평화가 실현되기 위해서는 법이 필수적이라는 사실도 인정했고 법에 대한 존경심을 가지고 있었다. 그러나 만일 우리가 산적을 만났다면, 단지 법을 가지고 있는 것만으로는 충분하지 못하고 이를 실행할 수 있는 기관이 필요하다. 따라서 인간의 마음속에 있는 왜곡과 탐욕, 반사회적 부패 때문에 법과 이를 실행할 정부가 필요하다는 것이다.

아우구스티누스는 이렇게 선한 정부와 법이 존재할 수 있다는 사실도 인정했지만, 선한 정부와 법은 단순히 힘에 의지하지 않고 도덕적 근본을 지니고 있을 때에만 유지될 수 있다고 보았다. 즉 선한 정부와 선한 법은 신적 섭리의 원리가 나타난 하나의 예증이며 참된 정의와 '영원한 신법'의 그림자인 셈이다. 선한 정부는 타락으로 말미암아 준동하는 파괴적인 세력에게 질서를 부여해 주어야만 한다.

아우구스티누스는 단순히 정의와 평화에 대한 일반적인 지침을 내리는 것으로 만족하지 않고 필요하다면 다양한 방식으로 구체적인 방법도 제안했다. 많은 내용이 시대와 문화적인 차이 때문에 그대로 현대에 적용하기에는 무리가 있지만 다음과 같은 몇 가지 사항은 여전히 현대에도 시사해 주는 바가 크다.

앞에서 언급한 바와 같이 아우구스티누스는 정부가 사람들을 덕으로 일깨우는 것보다 악으로 억압하는 것이 어떤 면에서는 더 효과가 크다는 것도 알고 있었다. 그렇지만 정부는 시민을 보호하고 공공질서를 유지하는 것을 넘어서서, 시민의 덕에 대해서도 책임을 져야 한다. 따라서 만일 행정관료가 그리스도교인이라면 그는 선과 진리를 지지해야 하고, 나아가 선과 진리를 널리 퍼뜨리는 사람들을 뒷받침해야 할 의무를 지닌다고 보았다.

아우구스티누스는 형사 문제, 특히 반역죄를 다룰 때 고문이 일상으로 자행되는 시대에 살고 있었지만, 고문에 대해 절대적으로 반대했다. 고문을 받게 되면 무고한 사람도 자신이 범행을 저질렀다고 자백하지 않을 수 없었고, 결국 이들은 불구자 신세가 되고 말았기 때문이다. 그는 또한 사형제도도 그리스도교적 인간관을 갖고 있는 국가에서는 용인될 수 없다고 보았다. 사형제도가 죄인을 교정한다는 목적과도 상치될 뿐만 아니라, 때때로 엉뚱한 사람을 사형시키는 경우도 있었기 때문이다. 4세기 말 어떤 무명의 그리스도교 법률가가 그리스도교 제국의 형벌은 구약성서의 보복의 원리를 구현해야 하며, 전체적으로 로마법보다 더 엄격해야 한다고 주장했던 것과 비교해 보면, 아우구스티누스가 얼마나 현대적인 감각을 지니고 있었는가를 확인할 수 있다.

아우구스티누스에 따르면 전쟁이라는 것은 그만큼 통일되고 합심한 국민으로부터 시작되며 "상대방을 자기 사람으로 만들고, 자기에게 정복된 인간들에게 자기 나름대로 평화의 법률을 부과하고 싶어"하는 욕심에서 발생한다.(『신국론』XIX, 12, 1) 영토의 통일된 지배를 염원하는, 인간들의 타고난 욕심에 곧 다툼의 원천이 자리잡고 있다. 그렇지만 아우구스티누스는 전쟁이 다툼을 끝맺기 위한 적당한 수단이라고는 생각하지 않았다. 오히려 통일을 기하려는 막대한 노력이 집중되면 될수록 그만큼 분열이 초래되는 역설적인 현상이 빚어진다. 전쟁치고 당사자들의 단결을 초래하지 않는 전쟁, 평화를 명분으로 삼거나 추구하지 않는 전쟁이 없듯이, 지상의 평화는 항상 분열과 전쟁의 씨앗을 품고 있다.

그래서 타자의 불의 때문에 발생하는 의로운 전쟁이 없지 않고, 그런 경우에는 "불의한 자들이 의로운 자들을 지배하는 것보다 더 고약한 일은 없기"(『신국론』Ⅳ, 15) 때문에 선인들에게 전쟁을 하는 일이 필요불가결한 것처럼 보일 때도 있다. 이렇게 그리스도교인들이 불의한 공격을 받게 되면 그리스도교인에게 소중한 가치를 지키기 위해서 저항하지 않으면 안 될 것이다. 그런데 의로운 전쟁이 필연적인 것처럼 보이더라도 신앙의 지혜를 가진 자에게는 도무지 칭찬할만한 것이 되지 못하니, 잘 숙고해 보면 그 의롭다는 전쟁에서도 자랑할 만한 것보다는 괴로워할 만한 것이 훨씬 많기 때문이다. 더 나아가 아우구스티누스는 적대감을 최대한 억제하는 것이 종교적으로나 정치적으로 필요하다고 믿었다. 그래서 전쟁이 필요할 때라도, 전쟁은 인간성을 존중하는 차원에서 치러져야 한다. 적에게도 수치나 분노의 감정을 주어서 또 다른 갈등의 씨앗을 뿌려서는 안 된다. 아우구스티누스에 따르면 모든 전쟁은 인간의 근본악이 없었더라면 발생하지 않았을 것이다. 따라서 현자라면 의로운 전쟁과 불의한 전쟁을 논구할 것이 아니라 불의와 충돌의 근본원인인 '지상적인 것에 대한 사랑'을 마음에서 제거하는 일에 앞장서야만 한다.

6. 그리스도교와 국가의 관계

앞서 언급한 천상 도성과 지상 도성, 즉 두 도성은 비록 동일한 정의와 평화를 추구하는 것은 아닐지라도, 모두 정의와 평화에 대해 관심을 가지고 있다는 점에서 공통점을 지니고 있다. 또한 지상세계에서는 교회와 국가가 각각 천상의 평화와 지상의 평화를 추구하는 대표적인 집단으로 생각될 수 있기 때문에 이 두 구분 사이의 관계에 대한 질문이 제기될 수 있다. 즉 천상 도성은 교회와 지상 도성은 국가와 동일시 될 수 있는 것인가? 이 질문은 향후 서양 역사에서 매우 중요한 역할을 할 질문이었다. 왜냐하면 두 도성의 구별이 중세 전성기에 여러 교황이 세속 군주 국가에 대한 교회의 우위를 강조하는 데 자주 인용되었기 때문이다. 예를 들어 성직서임권 논쟁을 두고 교황과 신성로마제국 황제 사이의 긴장관계가 벌어질 때마다(카노사의 굴욕, 아비뇽 유폐 등), 교회에서는 아우구스티누스의 '두 도성' 이론을 바탕으로 하여 교회가 국가보다 우위에 있다는 점을 강조했다. 과연 아우구스티누스 자신은 이에 대해 무엇이라고 말하고 있을까?

우선 아우구스티누스에게서 국가는 인간의 자연스러운 본성인 사회성의 발로이기 때문에 국가가 곧 지상 도성, 즉 악마의 도성(civitas diaboli)은 아니다. 또한 현실 세계에서 만나는 가시적인 교회도 신국의 가치를 추구하기는 하지만(마태 13장), 곧 바로 신의 도성과 동일시 될 수 있는 것은 아니다. 오히려 신의 도성과 지상 도성이라는 관념은 도덕적이며 영성적인 것이고, 그 둘은 어떤 현실적인 체제, 즉 교회와 국가 등과 정확하게 상응하는 것이 아니다. 예컨대, 어떤 사람이 그리스도교도이면서 교회에 속해 있을지라도, 만일 그의 행위의 원리가 자기에 대한 이기적 사랑일 뿐 신에 대한 사랑이 아니라면, 그는 영성적으로는 지상 도성에 속해 있다고 할 수 있기 때문이다. 이와는 반대로 만일 한 국가 관리의 행위가 신의 사랑에 의해서 주도되고 정의와 사랑을 추구한다면, 그는 영성적으로 신의 도성에 속해 있다.

우리는 이제 현세의 직무를 맡고 있을지라도 예루살렘의 시민, 즉 천상 도성의 시민임을 알고 있다. 예컨대 홍의 재상으로서, 행정 장관으로서, 영조관(營造官)으로서, 지방 총독으로서, 황제로서 봉사하면서 지상의 국가를 지도하고 있을지라도 만일 그가 그리스도인이거나 충실한 신자라고 한다면 자신의 마음을 천상에 둘 것이다. […] 그러므로 천상 도성의 시민들이 바빌론의 일에 종사하여 지상의 국가에서 현세적인 어떤 일을 하고 있음을 볼지라도 우리는 그들에게 실망하지 않을 것이다. 그리고 또 천상적인 일들에 종사하고 있는 사람들을 본다 하여 우리가 곧 그들을 기뻐하지는 않을 것이다. 왜냐하면 악덕의 자식들마저도 때로는 모세의 자리를 차지하기 때문이다. […] 그러나 그들을 매우 엄격하게 서로 갈라놓는 심판의 때가 올 것이다.(『시편 주해』51,6)

이와 같이 신의 도성과 지상 도성을 구별하기 위해서는, 교회와 세속국가를 맞세우는 것이 아니라, 신의 뜻에 따르는 사회인가 혹은 신의 뜻을 거역하는 사회인가, 또는 이상적인 질서가 있는 사회인가 혹은 욕망이 득실거리는 혼돈된 사회인가를 구분하는 것이 관건이다.

우리는 교회와 국가의 관계에 대한 질문을 좀 더 구체화시켜 볼 수 있다. 그리스도교가 국교로 선포된 시대에 살았던 아우구스티누스는 "그리스도 안에 나타난 유일하신 신을 진실하게 예배하는 황제에 의해서 이제 신국의 정의가 자리잡을 수 있을 것인가?"라는 질문에 대해 무엇이라 답할 수 있을까?

젊은 날의 아우구스티누스는 이에 대해 긍정적으로 답변한 것처럼 보인다. 여러 곳에서 그는 그리스도교로 개종하면 지치고 병든 사회가 거듭나서 '정의로운 제국'(『서한집』138,14)이 건설되고, 다신교의 숭배와 교회의 분열을 막고, 가톨릭 교회를 수호하는 법치 제도에 의해서 제국이 '그리스도교 제국'(『그리스도의 은총과 원죄』Ⅱ,8)이 될 수 있는 것처럼 말한다. 그렇지만 『신국론』을 썼던 원숙한 나이의 아우구스티누스는 더 이상 세속 국가를 통한 신국의 이상 실현을 낙관적으로만 바라볼 수 없었다. 콘스탄티누스 대제나 테오도시우스 황제가 그리스도교를 옹호한 것은 대단히 환영할 만한 일이었지만 그들이 천년왕국을 가져다주지는 않았다.

권력과 부, 안락함과 쾌락을 위해서 조직된 지상 도성은 신국의 이상적인 정의와 평화를 실현하기 위해서는 근본적인 제한을 가지고 있다. 『신국론』전체가 지향하고 있는 것은 '참다운 정의를 찾을 수 있는 곳이라고는 결국 신의 도성'뿐이라는 점이다. "참다운 정의는 그리스도가 창건자요 통치자가 되는 그 공화국에서뿐이다."(『신국론』Ⅱ,21) 각자에게 자기 몫을 돌려주는 것이 정의이기 때문에, 인간들은 자신의 창조주에게 맞갖은 몫을 돌려드려야만 한다는 것이다. 따라서 인간 세계에서 신에게 순종하고 신을 사랑하는 기본 정의가 수립되어 있지 않다면 정의로운 공화국도 정의로운 국민도 존재하지 못한다. 따라서 아우구스티누스에게서는 사랑에서 정의의 절정이 도달되며 신이 베풀어준 사랑에 대해 사랑으로 응답하는 것이야말로 충만한 정의이다. 정의를 이렇게 정의한다면 진정한 정의가 구현되는 참다운 공화국은 신의 도성뿐이라는 결론에 도달한다.

또한 인간의 타락은 너무 깊이 뿌리내려져 있기 때문에 치유하는 신의 은총 없이는 참된 평화가 있을 수 없다. 평화의 기초는 모든 사람들이 자신이 마땅히 할 바를 행하는 정의를 실현하는 것이지만, 참된 평화는 어느 시대를 막론하고 이 세계 너머에 존재하기 때문이다. 아우구스티누스가 주장하는 참된 평화는 폭력과 불의 그리고 전쟁을 혐오하는 인간적 평화를 바탕으로 해서, 그 평화에 새로운 가치와 활력을 부여하여 신국의 평화로 승화될 때 이루어진다. 따라서 신국의 완전한 평화야말로 참 평화이며, 은총이 복원하고 구현하는 내면적 질서에서 오는 평화이다. 이 평화는 불멸을 보장하는 궁극의 승리요, 영원한 참된 행복이다. 아우구스티누스는 이러한 평화관을 바탕으로 해서 이교 문화의 가치들 가운데 자율적이고 자기만족적인 가치들을 비판해서 제거하고, 인간의 자연스러운 염원을 반영하는 다른 가치들을 신앙과 은총에 의해서 승화시키려고 노력했다.

아우구스티누스는 이렇게 비록 그리스도교 국가라고 할지라도 정치가 완전한 국가의 건설을 이룩하리라는 희망을 갖지 않았다. 그렇다고 국가를 지상 도성으로만 보는 비관론도 배척했다. 현세에도 신의 배려로 나름대로의 선악이 존재하므로, 인간의 자연생활을 보장하는 상대적 평화라도 보장하는 국가는 결코 없어서는 안 된다. 따라서 그리스도인은 정치와 그 평화를 멸시하지 말고, 본인은 비록 신의 나라를 지향하며 이 세상에 순례자로서 길을 가더라도 지상의 평화를 향유해야 마땅하다.(『신국론』XIX,13-17)

> 천상 도성도 이 순례의 길에서는 지상 평화를 이용하고, 신심과 종교심에 의해 허용되는 한, 사멸할 인생에 속하는 사물들에 관해 인간 의지들 사이에 이루어지는 적절한 조정을 보호하고 추구하며 지상 평화를 천상 평화에로 귀결시킨다. 천상 평화야말로 진정한 평화라 할 수 있으며 이성적 피조물은 이것만을 평화로 여기고 평화라 불러야 마땅하리라. 다시 말해 하느님을 향유하고 하느님 안에서 서로 향유하는 더할 나위 없이 질서 있고 완전히 화합된 사회적 결속이다.(『신국론』XIX,17)

현실 정치에 참여하는 성원들의 부단한 정화와 회심에 의해서만 정치에 내재하는 모순과 갈등들이 해결의 전망을 보여줄 수 있다는 것이 그의 견해이다. 그 구성원들의 인간적 회심은 "우리의 모든 정의가 향하여 유지되는 목표"(『신국론』XIX,27)를 염두에 두고서 행동하게 만들며, 그렇게 되려면 이미 지상에서부터 신에 대한 사랑으로 변모되는 전환을 거쳐서, 신국에서나 만끽할 수 있는 평화로운 행복을 희망해야 한다. 시민이든 정치가든 신의 도성을 향하는 순례 중에 이처럼 온전한 정의를 추구하고 있다면 그것 자체가 신의 은총이 역사에 미치고 있다는 표시라고 아우구스티누스는 생각했다.

7. 『신국론』의 현대적 의미

제한된 지면 때문에 여기서는 다룰 수 없지만, 『신국론』에서는 이 두 도성의 차이를 더욱 본질적으로 고찰하려는 노력 안에서 후대에 지대한 영향을 미친 역사철학이 등장한다. 때때로 아우구스티누스는 지나치게 인류의 원죄를 강조한 부정적인 인물로 비판되기도 한다. 그러나 그는 『신국론』에서 역사 안에서 저질러진 인간의 악을 직시하면서도 그것이 신의 은총으로 반드시 극복되리라는 종말론적인 희망을 명쾌하게 제시하고 있다. 인류의 역사는 우연적이거나 운명론적인 것이 아니고, 끊임없는 신의 섭리가 개입하는 가운데 이루어지는 것이기 때문에 종말론적인 완성을 향하는 목표지향적인 것이다. 이러한 설명을 통해 그리스 철학의 저 고귀한 지혜의 발전이 그리스도교의 계시 안에 포섭된다. 이렇게 아우구스티누스는 로마제국 전체의 역사와 그리스도교 전통에 따른 구원의 역사 안에서 드러나는 영성적이고 도덕적인 의미를 모색함으로써 향후 헤겔이나 마르크스 등에 의해 발전될 '역사철학'의 시조가 되었다.

솔직히 『신국론』은 일반인들이 읽기에는 너무 어려운 대작이다. 그러나 성서를 읽고 공부하는 과정에서 자신의 질문이 해결되기보다는 더욱 깊어지는 경험을 한 지성인라면, 『신국론』을 펼쳐서 일부라도 읽어보기를 권하고 싶다. 그 안에는 개인의 인생뿐만 아니라 사회 전체를 새롭게 볼 수 있도록 해주는 엄청난 지혜의 보화가 담겨 있기 때문이다. 이 책을 통해 많은 지성인들은 성서를 뿌리로 해서 하나의 유기체로서 성장해 가는 그리스도교 사상의 가장 중요한 줄기를 만나게 된다.

우리는 오늘날에도 신의 도성이 추구하는 평화를 파괴하려는 무수한 지상 도성의 위협속에 살아가고 있다. 우리는 과연 어느 도성에 속할까? 아우구스티누스는 지금도 『신국론』을 통해 우리에게 도전적인 질문을 던지고 있다. "각자는 자신이 무엇을 사랑하고 있는지 자문해 보라. 그러면 그는 자신이 어느 도성에 속하는 시민인지를 알게 될 것이다."

나, 우리, 반항

초판 1쇄 2014년 8월 10일

지은이 변광배 외
엮은이 KBS 고전아카데미 기획위원

펴낸이 서정원
펴낸곳 도서출판 전망
주소   600-013 부산 중구 중앙동 3가 12-1 다촌빌딩 201호
전화   051. 466. 2006
팩스   051. 441. 4445
E-mail w441@chol.com
출판등록 제카1-166

값 10,000원
ISBN 978-89-7973-371-6

「이 도서의 국립중앙도서관 출판예정도서목록(CIP)은 서지정보유통지원시스템 홈페이지(http://seoji.nl.go.kr)와 국가자료공동목록시스템(http://www.nl.go.kr/kolisnet)에서 이용하실 수 있습니다.(CIP제어번호: CIP2014022913)」

* 저자와의 협의에 의해 인지를 생략합니다.